技术如何改变教学

使用课堂技术创造
令人兴奋的学习体验，
并让学生对学习记忆深刻

[美] 马特·米勒 著
Matt Miller

TECH LIKE A PIRATE

Using Classroom Technology to Create an Experience and Make Learning Memorable

中国青年出版社
CHINA YOUTH PRESS

图书在版编目（CIP）数据

技术如何改变教学：使用课堂技术创造令人兴奋的学习体验，并让学生对学习记忆深刻/（美）马特·米勒（Matt Miller）著；王静译.
—北京：中国青年出版社，2022.11
书名原文：Tech Like a PIRATE: Using Classroom Technology to Create an Experience and Make Learning Memorable
ISBN 978-7-5153-6666-1
Ⅰ.①技… Ⅱ.①马… ②王… Ⅲ.①课堂教学—教学研究 Ⅳ.①G424.21
中国版本图书馆CIP数据核字（2022）第094021号

技术如何改变教学：
使用课堂技术创造令人兴奋的学习体验，并让学生对学习记忆深刻

作　　者：（美）马特·米勒
译　　者：王　静
责任编辑：肖妩嫔
文字编辑：侯雯洁
美术编辑：杜雨萃
出　　版：中国青年出版社
发　　行：北京中青文文化传媒有限公司
电　　话：010-65511272 / 65516873
公司网址：www.cyb.com.cn
购书网址：zqwts.tmall.com
印　　刷：大厂回族自治县益利印刷有限公司
版　　次：2022年11月第1版
印　　次：2022年11月第1次印刷
开　　本：787×1092　1/16
字　　数：60千字
印　　张：10.5
京权图字：01-2020-7100
书　　号：ISBN 978-7-5153-6666-1
定　　价：49.00元

本书赞誉

对于想更多参与和学习使用技术的教育人士来说,《技术如何改变教学》是必读书目。

——艾丽斯·基勒，作家、演说家和数学教育家

在实用教育技术的课堂实践方面，马特·米勒俨然已是美国教育界数一数二的权威人士。他在《技术如何改变教学》一书中抛开时髦的术语，直奔提高教师技术应用水平的力所能及之事。他的讲述方式引人入胜，不会让教师们觉得自己被人评头论足。

——诺亚·盖泽尔，教师、作家、
美国外语教学委员会年度语言教师

马特号召我们踏上“惊涛骇浪中的寻宝之旅”，这是我们重新发现快乐学习的入场券。他就像称职的船长一样为船员提供了既实用又创新，虽简单却有趣的教学策略。他的创作活力永不枯竭，富有表现力，令人赞叹。我们会在《技术如何改变教学》这本书里再次领略到他的无限创意。

——斯蒂芬妮·德米凯莱，数字学习设计者和指导教师

马特·米勒是改变教育者看待技术方式的先锋人士，对提高学生学习效果的影响深远。在《技术如何改变教学》一书中，马特向教师提出通过运用技术技巧和技术策略来为每位学习者创造深刻而有意义的体验的建议，

将这种影响效果提升到新的高度。

——杰西·卢宾斯基，Ready Learner One的首席学习官

无论你是新进教师或是资深教师，技术新手或是技术奇才，《技术如何改变教学》都会让你有所收获。米勒提供了很多解决方案——并有的放矢地将重点放在内容上。

——凯瑟琳·戴，社会学科教师

从游戏体验到虚拟探索和不同的视频制作，马特·米勒的《技术如何改变教学》一书为课堂上有效使用现有技术提出了简单易行而趣味盎然的方法。

——奥马尔·洛佩兹、斐立·洛佩兹，
苹果公司杰出教育者

如果你拥有了这本书，它将会被你翻到破旧不堪，被你写满便笺、标注！这也正是我打算放在手边随时翻阅的书，我会将书中真正的技术与课堂融合起来。

——克丽丝塔·哈姆斯沃斯，五年级教师

马特的例子可能直接与特定工具相关联，然而他对工具和技术的解释都不是本书重点，深思熟虑地创造体验才是关键。不要为了技术而使用技术——该准则在本书贯穿始终。

——大卫·普莱特，教师、技术指导

作为一名资深课堂教师，我最盼望看到专业书籍中崭新的理念和将理念融入课堂的实用方法。在马特·米勒的《技术如何改变教学》中，二者皆备。

——吉娜·拉夫康恩，五年级教师、技术集成工程师

《技术如何改变教学》是适合各水平教师阅读的好书——从厌倦技术的教师到技术大师都能受益！我衷爱本书的原因在于，它在激励教师成为真正的技术独行侠和为教师提供最新实用技术之间实现了完美的平衡。

——司各特·蒂特马斯，技术集成专家

马特·米勒的《技术如何改变教学》将以人为中心的教学方法引入数字世界，提醒我们注重交流、协作和同情他人的力量。如果你已为改变做好准备，即使改变可能意味着些许挫折，本书仍是助你启程的绝佳指南！

——雷娜·费里德曼，五年级教师、
马萨诸塞州计算机应用教育者协会主席

马特·米勒对话式的写作风格，引人入胜的叙事方式，以及将技术成功融合到教学实践的渊博知识，会带领教育者走进一个崭新而富有成就的教育领域。锦上添花的是，阅读米勒的书总是和运用他建议的技巧那样趣味无穷！

——丹·特里卡里科，
《禅师：课堂教学中的创造、专注、简约与宁静》作者

学生参与就是一切！马特·米勒很好地诠释了吸引学生注意力的重要性，对提升真实学习体验和解决其过程中细小问题的分析鞭辟入里。

——乔·梅瑞尔、克里斯汀·梅瑞尔，

教师、《互动课堂》作者

本书为在课堂上最大限度地发挥技术对学习的影响力提出建议，创意满载。无论你是技术专家或技术小白，你都将学会应用技术工具和应用程序的创新方法，为学生创造有意义的、令人难忘的体验。

——克雷格·克莱门特，干预—反应计划协助者

《技术如何改变教学》充分证明了技术不仅限于技能和操练。马特·米勒在书中的指导说明循序渐进，易于上手，任何教师都会使用。

——艾梅伯·哈珀，教育技术顾问、创作者

马特激励你在技术融合的探索之旅中成长为贵宾客户，读至篇末，你就可以在课堂上“试飞”，成为一位令人敬佩的、特立独行的教师。

——埃文·莫热，技术革新者

《技术如何改变教学》一书不仅讲授理论和轶事趣闻，书中的许多理念也能立即付诸实践。马特的书中有你需要（和最想要）的各种资源，在课堂上开展教学活动时这些资源能立刻发挥作用。

——卡丽·莫拉，教学技术专家、计算机科学教师

本书蕴藏来自真实教育者的灵感、想法和故事，它们让学习在技术的加持下更为高效。马特袒露心迹，分享热忱，让我们成为更好的自己。

——曼迪·陶伦，数学教师、谷歌认证创新者

每位教育者都有一个目标：传道授业和激发学生学习热情，以丰富学生的生活。马特鼓励我们消除疑虑，努力清除妨碍我们创造和增进学习体验的路障。

——兰斯·麦克拉德，小学校长

本书献给特立独行的教师们，

你们虽面临重重压力，

却仍坚持为学生提供最优质的教育。

你们是真正的冒险家。

你们的学生会对你们感恩戴德。

我感谢你们。

整个世界感谢你们。

Contents 目录

引 言

技术何以重塑课堂

最近几年，我们在公共卫生间看到一个新鲜事物——广告。它们不是张贴在小便器上方，就是贴在卫生间隔间门上。为什么呢？因为你是受制而不能离开的“观众”。有人意识到你的视线会在这些地方停留一段时间（除非你在拿着手机看社交媒体或进行工作。不过你可能不会那么认真地只盯着手机吧……或者你真会这样？），所以他们向商家出售一块小广告牌放在卫生间。

商家指望你会注意到卫生间的广告——近年来人们的注意力可不是那么容易获得的，各种通知总是让我们的手机不停振动或响铃，恳求我们快看信息。社交媒体就是为抓住我们的眼球（还有我们滑动屏幕的手指）而设计的。在线视频和电视喜欢播放短视频和片段，也是为了防止我们因嫌弃观看太久而离开。

广告商和社交媒体得到我们的关注已经很难，我们在课堂上保持专注力就更加难如登天了。我肯定你已经看到结果了：学生们眼神呆滞、精神涣散。而教师被认为必须将学生拉回课堂，他们有责任做到这些。这种苦行僧的感觉导致美国教师大量短缺。一家经济政策研究所的研究员们如此写道，“整体而言，没有迹象表明持有资格证的教师大量短缺的情况会消失——特别是在极度贫困的学校。”

这就提出一个非常重要的问题：在一个容易被遗忘的课堂上，我们如何让学生牢记必须记住的内容呢?

让我们扔掉容易被遗忘的东西，拥抱那些值得纪念的吧。一个值得回忆的课堂的氛围是紧张刺激的，心理学家米哈里·契克森米哈赖（Mihaly Csikszentmihalyi）描述了学生的这种心流状态：他们全神贯注，忘记时间的消逝，也忘记了周围环境。学习可以很有趣——无论对于学生还是教师来说都是如此!

关键是我们如何看待学习。**若我们的注意力放在“必须学习”或者放在测试上，那学习会相当无聊乏味。**不过，若我们以将其作为难忘经历的视角看待课堂，一切就会大为不同！对写作提示的回应就会变成现场新闻报道；要求展示两个主要的外卖食品也会感觉更像录制有趣的YouTube视频，然后分享给朋友们。因此关键问题就变成了：**你如今要使用何种视角来看待课堂，使之变得更加难忘。**

当我们吸引了学生的全部注意力时，学生就会前所未有地以高效的方式学习。这就是令人难忘的教学，你甚至无须搬来卫生间隔间就能得到这种体验。

在本书中，我提到了很多应用软件或者网站，我的意图不是让你在读完本书后复制我所提到的工具和使用方法，而是启发你发现身边的技术，学会将流行的技术转化成自己的教学方法。如果你能在日常生活中发现更好的、更适合的、更方便的工具，就大胆使用，和学生一起探索属于你们的快乐学习之旅吧！

特此说明

1

第1章

像海盗一样与众不同地运用技术

“坐下来。听老师讲。完成以下练习题。阅读本章并回答文末的问题。” 这些我们曾使用多年的传统教学实践并没有达到设想的结果，当我们评估在课堂上所做的一切工作时，会发现它们的效果就像2 + 2 + 2 + 2 + 2 = 5一样。我们做了大量的无用功。

如果我们试试改写脚本会怎样？如果2 + 2 + 2 + 2 = 13呢？如果

我们惊奇地发现教学方法有效，但是却找不到原因呢？

积极性、情感和游戏在我们的生活中发挥着强大的作用——在课堂上也绝对如此，越来越多的研究证实了这一点。当大脑处于积极状态，而不是中立或消极的状态时，我们的效率会提高31%。情感事件往往能在记忆中获得特殊地位。且依据美国国家游戏研究所（National Institute for Play）的结论，“正在进行的长期研究表明，与有趣的教师完成基于游戏的学习任务可以提高学生长期的整体表现”。

这种研究只揭示了表面现象。课堂上的积极性、情感和游戏会停留在乐于参与的学生心中，而学生才是明证。学生的参与感并不是愚笨地破坏实际的教学任务，它可以是推动我们实现梦想中学习的催化剂。让学习变得有趣这个观点可能会被有些人嗤之以鼻，他们认为这不过是无意义的娱乐方式，或是阻碍真正学习之事，胡说八道。当趣味在某种程度上不能促进学习时，确实会虚耗时间。但是我们不妨透过趣味的“滤镜”来看待学习！讲一个引人入胜的故事，或者使用一个受欢迎的应用程序——任何能让当天课程焕发生机的东西都能抓住学生的注意力。只要选对滤镜，我们就能把单调乏味、毫无生气的课堂变成充满乐趣的天地。举例来说，居里夫人做放射性物质实验的过程中，在社交媒体上发一个帖子会是什么情形？布鲁特斯（Brutus）和卡西乌斯（Cassius）背叛恺撒大帝（Caesar）前互发的短信可能包含什么内容？他们在刺杀恺撒大帝后是否表现出懊悔之意？

趣味性不会妨碍学习。相反，趣味是通向梦想中学习的路径。

“海盗”的力量

2012年，戴夫·伯格斯（Dave Burgess）出版了《教学需要打破常规》一书，书中描述了他在“海盗”教学方面的成就。他的海盗教学法有以下六个特点：

激奋昂扬：对教学充满激情——即使你对你所教的科目没那么抱有热忱。

沉浸专注：与学生相处时完全临在，全神贯注。

融洽和谐：从个人层面与学生建立联系，营造安全有趣的环境。

提问/分析：针对你的教学理念提出恰当的问题，并持续分析其有效性。

改弦易调：为了打破障碍，重新思考课堂上可能展开的活动。

热情洋溢：利用最强大的工具在课堂上开创有深远影响力的教学。

2015年我收到了《教学需要打破常规》的样书作为我的生日礼物。（对，我就是那种教学鬼才。我的生日愿望是得到一本教育书！我现在还保留着那本书——书页已经沾染了咖啡渍，封面已经磨损，连书角也已经残破了。）这本书立刻改变了我对教学的所有看法。当我自问伯格斯发人深省的问题“如果学生不必在场，你会在一个空空荡荡的教室里教书吗？”我的内心受到很大触动。

还有一句话，这句话最打动我，仍记忆犹新：“勿说教。创造一种体验！”

说教本身不是体验。想象一个人说“我要给你上一堂课。”，你会有何反应？你会上前倾听吗？或者你会假装去接重要的电话，尽快摆脱这种情形？我们对别人的说教通常不那么感兴趣，但是我们随时准备体验一番。体验让人难以忘怀，体验调动我们的各种感官——视觉、嗅觉、听觉、味觉和触觉，由此激发我们的兴趣。体验让我们生动的想象力尽情驰骋，带我们探险。体验掌控我们的情绪，让我们想要体验更多。

勿说教。创造一种

体验！

——戴夫·伯格斯

《教学需要打破常规》

我在通读《教学需要打破常规》里面的故事、建议和引人入胜的教学案例时，总会回到同一个顿悟：这本书有太多理念可以通过技术增进效果——免费的数字工具和那些配备在许多学校教室中可随时使用的技术。

很多教师们面前都有用于打造难忘的技术学习体验的所有要素，他们只是不知道怎么将这些工具和技术组合起来建构更宏大的体验——那些更值得纪念的、更有效的体验。

我当时未曾意识到这一点，在2015年着手写这本书的时候，我第一次读到《教学需要打破常规》。此书与《丢弃那本教科书》（*Ditch That Textbook*）非常相似——后者由我的博客内容整理而成，书中写到课堂技术在创造有意义的学习中所发挥的作用。

海盗和技术？没错！

我在教高中学生西班牙语、英语和新闻学的11年里，一直在探寻技术与学习体验融合的有效方式。当我听到其他教育工作者提及他们采用的方法时，我更加坚定了自己致力于以技术为中心的课堂建设。令人惊喜的是，我们能够这样做：

- 我们可以通过视频通话与世界各地的专家和其他像我们一样的课堂交流。
- 我们可以通过网站和播客与真实受众广泛分享我们的工作。
- 我们可以通过增强现实技术模糊数字世界和现实世界的边界。

• 我们可以通过图形设计工具展示大脑的活动，让学习可视化。

• 我们可以用卓越的制作品质创作音频和视频。

当技术成为教学中心时，学生仍会学到东西。同时，他们还能培养出重要的技能——技术能力、沟通能力、创造能力，这些技能会让学生在今后的工作中受益。

课堂技术也会使学习变得趣味无穷。这就是本书的核心奥义：我们可以像织毯一样把学生参与度和技术编织起来，创造出一种能拓展学生学习的体验。

当冒险值得时

《壮志凌云》（*Top Gun*）位于我的内疚快感榜单的榜首，这是一部20世纪80年代的经典电影，只要有机会我就会看一遍。该电影以时间为主线，描述了美国海军战斗机飞行员、呼号为“独行侠”的皮特·米切尔（Pete Mitchell）的旅程。独行侠的超高飞行技术为他在海军高级战斗机学校赢得一席之地，该校被世人称为战斗机武器学校（Top Gun）。

独行侠初到学校接受训练时，教官发现他并不是符合教科书标准的好学生。独行侠是个冒险家，他的作战战术绝不因循守旧。例如，在一次飞行训练中，他与教官“小丑”对战。小丑从后方靠近独行侠的飞机，这是两架飞机之间近距离空战的最佳区域。独行侠试图用传统动作甩掉小丑的机尾，但无济于事。就在那刻，独行侠想出一个让小丑完全措手不及的动作。在这场高速追击的过程中，独行侠决定把飞机的机头垂直抬高插入云霄，然后猛踩制动，这一操作迫使小丑从旁边飞过，由此令自己找到了更好的战术位置。

此时独行侠已占据了小丑原计划应处的绝佳位置，小丑只好拼命挣扎。然而，他的飞行技术救不了自己，只好做了飞行训练中只有教练才能做的飞行训练：潜入到最低安全高度的“硬甲板”下，在独行侠击倒他之前飞出竞赛规定范围，从而结束比赛。

但是独行侠并不甘心就此结束比赛。他跟着小丑一起飞出界外，危险地低空飞行进入加利福尼亚山脉，冒险试验能否击败小丑。最终，独行侠庆祝自己战胜了小丑。

然而，当独行侠和搭档“笨鹅”降落到地面时，教官并没有表示祝贺；相反，他们严厉地批评了独行侠打破游戏规则、置生命安全于不顾的冒险行为。独行侠带着悔恨离开了办公室。

不过，教官们心知肚明的是，他们刚刚见证了伟大的一幕。他们都已发现了独行侠的优秀特质。独行侠有着教官们未曾见过的即兴的、不因循守旧的飞行方式。正因这种特质，他才能预测到风险回报率，能知道什么时候值得冒险。

以下是他决定是否需要冒险的过程。他先审时度势，权衡了潜在的所有选择和选项所对应的结果，由此决定可能获得的益处是否值得冒险一试。然后他开始了行动。

我们考虑课堂上的风险回报率时更像是这样的：

- 我们发现班上存在我们不满意的地方。
- 我们决定做好改变的准备。
- 我们开始头脑风暴，寻找更佳的教学方式。
- 当我们想出一个解决方案时，担心可能会失败。

我们教育工作者一谈及失败就开始恐慌。（这很有意思，因为我们每天都在鼓励学生尝试新事物——即使会冒着失败的风险。）但轮到我们自己，风险却吓坏了我们。害怕失败使我们无法追随最棒的理念，因为我们暗示自己可能会出问题。

但是，如果看上去冒险的事情根本没有那么危险呢？如果我们的恐惧只是杞人忧天呢？

是时候重构“冒险”这个词的意义了。

你要知道什么事情才会让人感受不到危险，那就是安于现状。教学开展同预期所想。给学生讲课。把教科书逐章推进。安排学生完成单调乏味的作业。**多年来教师们一直在重复这个过程。这种方式不会掀起风浪，也不会得罪人。若我们用这种方式教学，我们可以低调行事，避免接到家长的电话，只要我们得到满意的评价，工作就保住了。**我们的内心活动就是这样，即使我们根本没有意识到。

安于现状地教下去会有安全感。不过，这样果真安全吗？若这样下去教学没有效果会怎样？即使我们知道这种传统方法无法取得良好的教学效果，还要一意孤行，又会怎样呢？

从这个视角来看，维持上述现状并不安稳，反而是太冒险了。

冒险的定义是指处于危险的情况之下。令教育者感觉安全的授课，学生并不乐意学，这反而是冒险行为，甚至就其本身而言危险之至。我们的所作所为不能使学生意识到这其中潜在的危机，这太冒险了。良机错失了。

安全舒适的教学简直就是置教学于“危险境地”而不顾。

让我们回溯《壮志凌云》中的那个故事吧。独行侠作为一名战斗飞行员本可以依赖“安全”的战斗战术，这也是其他飞行员惯用的方法。但是与小丑对抗时，以同样的传统策略操作却可能导致独行侠的死亡。

那么，对于独行侠而言，安全飞行反而变成了一种冒险，小丑可能因此而战胜他。

对我们教师来说，安全教学就是“危险”的教学。如果安全教学无法带来教学效果，我们就不能再继续做自己也知道行不通的事——况且改变会使我们感到舒适。

当冒险变得安全时

如果安全教学是“危险”的，我们应该如何去做呢？若传统教学无法满足预期目标，也许打破传统束缚就是我们能做的最安全的事了。去冒险吧！

冒险意味着我们必须尝试新理念，尽管它不能保证一定会成功。让我们回到读者都已知悉的思维过程吧：

1. 这门课收效甚微。
2. 必须探寻更佳的教学方法。
3. 喔，这个理念很棒！
4. 不过，如果我尝试后失败了呢？

失败果真失败？

正如我们所看到的那样，若我们能清晰地下定义，就能更好地做出决策。就拿“失败”这个词来说吧。我们问，这件事失败了怎么办？好，让我们来定义“失败”一词在该句中的含义。假如失败是我们尝试新事物后无法达到预期结果，这种情况只是我们的既定目标没有得到满足。这么定义“失败”听起来是不是并没那么可怕，对吧？

我们冒险一试后失败了又会怎样？如果我们尝试后只是没得到想要的结果呢？

可能会发生几件事：

1. 这可能不会比我们不知变通地坚持所谓的“安全教学”更糟，反正运用以前的教学方法也效果欠佳。这恰恰是你需要首先完成4步骤思维过程的主要原因！
2. 如果我们看到的是：失败就是走到了死胡同，这可真够让人崩溃的。不过我们千万不能从这个角度看。我们必须要看到失败是前进的阶梯，这样的思考就会让我们充满力量。我们不妨用失败（FAIL）这个词重构出一个缩写词，意为：学习初体验（first attempt in learning）。
3. 失败让我们像科学家那样取得进步。科学家们做研究时会提出观点假设，然后验证假设。如果假设被接受，他们可以利用该研究成果继续推进研究并制定策略。如果假设被拒绝，他们会分析结果，以便下次改进。我们不妨把自己看作教师—科学家：要么成功，要么从失败中学习可以改善的地方。

所以你看，失败并非真正的失败。失败只是数据。你的失败等同于数据。这些数据有助于我们在未来做得更好。优秀的科学家可不会因为放弃而浪费宝贵的数据！要避免对自己说：“我再也不干了。”我们只需要再添几个词。例如，我们可以说“我再也不用那种方式做了”。思考“永远不再”就是“绝境”思维，它会阻止我们继续前进。相反，“再也不按照那种方式做”会赋予我们力量，指引我们前进。

用那种方式
我再也不做了

我们首先要确认教室中哪些行为无效，然后尝试可能富有成效的新教学方式。如果我们能从中获益良多，那么失败就不是真正的失败。跳跃式的成功比寻常的“经实验后证明如此”的方式好得多。这样我们就已经创造出一门学生愿意参与并会全身心投入的课程。

这种“冒险的”教学听起来还那么危险吗？教学中要胆子大一些，事实上，“铤而走险”是我们最安全的做法了。

阅读本书须知

本书中，我们将深入探讨7大原则，在这些原则的基础上技术将创造最神奇、最有效的学习体验。你将会从中获得：

- 可以立即运用或经修改运用到你课堂上的丰富示例。
- 教育实践者运用这些策略的故事。
- 使用这些策略的原因，把握全局。
- 你所需的驱使自己采取迫切行动的灵感。

此外，你还不会错过新技巧和窍门！戴夫·伯格斯在《教学需要打破常规》一书中分享了吸引学生参与的技巧，你可以带着问题借鉴使用，以激发课堂上的“哇哦”的惊奇元素。本书《技术如何改变教学》为打破常规（“海盗”）系列增添了新技巧！

阅读本书时请牢记以下观点：

1 应用程序会变化，应用程序会消亡。如果你在阅读本书时，某个应用程序已经下架了，不要害怕！想一想什么会让你的目标活动大获成功，然后努力寻找可替代的其他应用。同样地，我所提及的对某些应用程序的用法说明并不保证将来依然有效，但是不要担心！你可能需要点即兴发挥，因为应用程序的核心功能不会有太大改变，依然会保证你能获得体验。你可以依据不同教学目的和教学内容重构我建议开展的活动。

2 我列举的例子都比较依赖谷歌工具——特别是谷歌幻灯片（Google Slides）。选择谷歌工具是因为大多数学校都能使用谷歌办公应用套件（G Suite）工具或者具有类似功能的微软办公工具（Microsoft Office tools）。谷歌幻灯片和微软幻灯片演示软件（PowerPoint）的功能多样，可以让我们创建并广泛分享成果。我用谷歌工具制作的许多案例也可以使用类似的微软办公工具制作，例如，谷歌文档（Google Docs）可以换成微软文字处理软件（Microsoft Word），谷歌幻灯片可以换成微软的幻灯片演示文稿。

3 本书列有许多网页链接。我会尽力查对这些链接依然有效并保持更新。不过，本书出版后，有的链接可能会失效。你也可以通过Ditch That Textbook网站（DitchThatTextbook.com）随时与我们联系。

4 阅读本书你将会体验到一场惊险刺激、大胆开拓的技术与教学的融合之旅！不过这可不是另一种盗窃活动[①]的邀约：盗版。盗版通常是指非法盗用音乐、媒体、软件和其他产品的行为。我们在此需关注使用信息和媒体的伦理问题。但是，请随意“掠夺”本书中提到的所有工具、技能和练习，然后将它们变成自己的版本吧！

远处的巨海狂狼等待我们去探险！
做个技术“海盗”，你准备好了吗？

① 本书中的pirate（海盗）一词象征着冒险探索的精神，本节中的“另一种盗窃行为”实为pirate的另一层含义“盗版”。——译者注

2

第 2 章

体验，不止是应用程序

2014年2月，Vine应用程序的热潮悄悄蔓延，潜入我的高中西班牙语课堂。

它是当时最新推出的社交媒体平台，在校园风靡一时。我记得Myspace也开始推出。（我是Myspace创始人之一汤姆的好朋友！好吧，每个用户都是他的好友。）之后，Facebook和Twitter也相继出现。然后我听到学生们开始喋喋不休地谈论Vine上面的短视频，课间一边用智能手机看视频，一边咯咯笑。

Vine是一个循环视频应用（现在已经销声匿迹了），该应用允许用户重复录制和观看6秒钟的视频。视频内容由创作者（称为Viners）随意确定。例如，视频内容可以是一套笨拙的舞蹈动作，也可以是

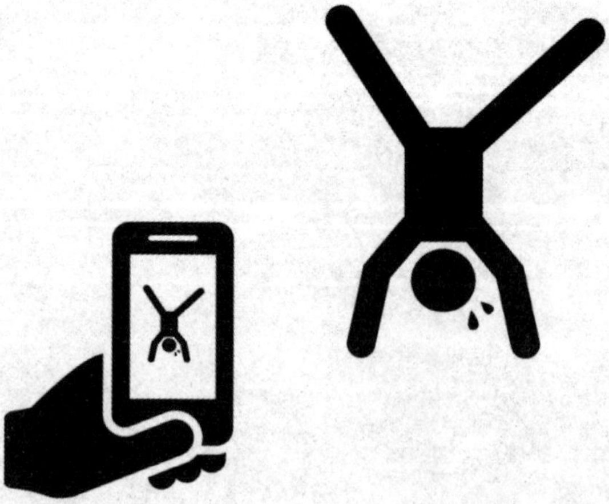

俏皮话，抑或是打扮成独角兽的人，完成后空翻也可以。这些视频管窥真实生活，博我们一乐，令人捧腹大笑或者嗤之以鼻。因此我的学生都被它迷住了。

一些教师听到学生最喜欢的应用，第一反应是压制。当一个新应用的热潮兴起时，我看到的却是机遇。为什么学生们会如此着迷？是什么吸引他们不停地退回观看？最重要的是，我能否将应用程序的概念视为可在课堂上创造新体验的跳板？

是时候承认Vine对教育效果的吸引力了。（当然，我知道孩子们会说：大人们总是毁坏优秀的社交平台。当使用它的大人变多的时候，我就改换其他平台！）

一天，我问学生知不知道Vine这个应用，一些人甚至会因为我问这个问题而感觉到被冒犯。

“那么，”我接着问，“如果我们把创建Vine视频作为课堂的一个环节怎么样？”

很快，学生们的注意力被我吸引过来。在课堂上做Vine视频？他们的大脑飞速地运转了一会儿。***不对劲呀，他们肯定这么想。老师们才不喜欢社交媒体呢，他们总是要求我们把手机收起来。让我们使用Vine，米勒先生不是当真的吧？***

嗯，是真的，当然也可以说不是。

是真的，我们真的用Vine，意思是我们将制作一个6秒钟的视频。

是真的，我们将用手机拍摄视频。

是真的，我们拍摄的视频和Vine视频很像（或者说有一点儿像）。

说不是真的呢，因为我们不使用Vine应用。

起初，我确实想用Vine应用，但是我后来意识到有充分的理由不使用它。因为Vine应用程序在苹果应用商店里的评级是17+，大多数学生无法接触和使用该应用，且一些Vine视频带有露骨的内容。此外，一想到要打理这么多用户名、密码和账户就让我头疼。

后来我逐渐明白，我想要的不是应用程序，而是体验。我想要学生们体验使用Vine的过程，但又无须使用Vine。

于是，我们从拍摄以词汇为特色的“Vines”的视频开始，学生们计划怎么把握好这宝贵的6秒钟时间。为了惊艳到朋友们，他们想把喜剧、搞笑甚至惊奇元素尽可能都包含到视频中。不过当然了，他们必须在视频中把规定的词汇也添加进去。

这节课引起了巨大的反响！学生们很喜欢制作词汇视频。这就是我希望推崇这种新教学理念的明证。不过问题来了，我们6个班级使用的苹果平板电脑完成不了全部任务，制作、分享和观看视频也没有我想象的那么容易。此外，我还没有找到制作循环视频的最佳工具。这个想法在当时有点超前。

最后，这堂课也有点儿不那么成功，但是一颗新种子已经在我这个教师的内心深处埋下。

无需应用程序即能创建体验

想一想最受学生欢迎的应用在什么方面吸引他们：

• 社交媒体应用让他们与同龄人分享生活点滴，同时也能密切关注到其他人的动态，比如同伴们的言行举止、穿衣打扮、饕餮美食，等等。

• 游戏应用充满挑战和刺激，还能打发学生的课余时间。当学生的游戏得分比朋友高时，他们还有了吹嘘炫耀的资本。

• 新闻应用让学生紧跟流行文化、体育、时尚等领域的最新动态。

你对重构应用体验感兴趣吗？就像我重构Vine那样？只需以下几个步骤：

1. 了解应用程序的功能。你不必成为技术专家，只需要掌握一些基础知识和关键细节。

2. 找到令学生着迷的地方。是社会因素？还是有创意迸发的源泉？是竞争？还是搞笑？是某种可以提高和展示才艺的方式吗？

3. 确定识别标识的特征。从标识开始研究：标识的颜色、形状和排版。研究界面：按钮、项目在屏幕上的位置、使用的语言。观察学生怎样和应用程序互动：点击？滑动？还是摇晃手机？

4. 开始调整修改。也许先从你和学生都熟悉的数字工具开始，然后把应用程序上的各个部分添加上去。也许你可以寻找一个可创建类似体验的新工具或新网站，然后开始调整让它更像学生喜欢的应用。

我按照这个过程成功地重置了Instagram和Snapchat（色拉布）这两个流行应用程序的部分功能。在设计你自己的应用衍生学习体验时，可以此作为示例。

聚光灯下
不用社交应用的照片墙故事

Instagram是社交媒体巨头，其用户喜欢拍摄照片和视频，使用滤镜让他们看起来光彩照人，而后他们可与世界分享。它只是学生们熟悉的社交媒体和应用程序之一。

照片墙故事（Instagram Stories）是出色的叙事工具，因而备受欢迎。用户可以通过拍摄照片或视频的方式来捕捉生活的瞬间，然后将图片组合起来，供他人逐一欣赏。这就是照片墙故事的吸引人之处：工具易于上手，用户能在分享特别时刻的同时展示奇思妙想。

像照片墙故事这样的功能可运用于课堂上的场景数不胜数。例如，在《罗密欧与朱丽叶》中，罗密欧亡故后，朱丽叶在照片墙故事上发布这条消息该会多么轰动？用照片墙故事拍摄科学实验室会有多么炫酷？

要是没有应用程序，我们该如何模仿照片墙故事的体验呢？我们能否找到一个方法避免类似年龄限制、防火墙和无法访问移动设备这样的问题？当然能！让我们用学生经常使用的数字工具——谷歌幻灯片或微软幻灯片演示文稿来重现体验。

学生无论年龄大小，都熟悉幻灯片的制作，或者说他们都熟悉有类似用户界面的程序。

由此选择技术来重现使用应用程序的体验（或者课堂上的其他活动）的重要意义得以凸显。无论何时，尽可能使用学生已经了解的技术，这样你就无须教他们学习使用新工具，否则他们还要努力解决学习曲线的问题。如果他们已经了解应用、程序或平台，那么学习就可以正式开始了。

为了模拟照片墙故事的体验，首先我会在谷歌幻灯片上创建一个模板。学生可以打开模板，添加图片和视频，完成后他们可以用幻灯片的放映模式创建照片墙故事体验。

想试试吗?

在资源拓展提供的链接中，查看照片墙故事操作的步骤说明（只有英文版）。顺便说一句，微软的幻灯片演示文稿可以重现相同的体验，如果学生有更多机会使用微软办公产品，这是一个不错的选择。

我的故事
哦，天啊！

这一过程非常简单，你可以在教室中再现，也可以在职业生涯大会中与同事一起使用。只需遵循以下操作步骤：

1. 选择一个最适合你所计划的活动的数字工具。本例中我选择谷歌幻灯片是因为我希望学生可以添加图片和视频，移动各项目并创建多个页面（幻灯片）。
2. 设计一个模板，使其尽可能去接近所模拟的应用程序。在本例中，我使用了谷歌幻灯片中的形状和文本以及网页Noun Project（thenounproject.com）中的免费图标。我仔细观察了应用程序照片墙故事页面上的每个部分，并寻找到将其重建的方法。
3. 你自己要测试整个过程，以确保学生能够如计划使用该应用程序。
4. 将模板分配给学生。我在“谷歌课堂”（Google Classroom）作业中添加了幻灯片附件，并勾选了“为每个学生制作一个副本”。在使用幻灯片演示文稿时，许多学习管理系统，例如Canvas，Schoology等都有类似选项。
5. 让学生自己来创建！让他们设计照片墙故事，然后添加图片和视频。完成后他们可以上传作品，但不要让乐趣就此打住！
6. 鼓励学生分享作品。他们可以在自己的设备上展示故事，与同学分享链接，甚至可以用显示屏或投影仪在课堂上展示。

课堂演示会是什么样子？学生如何通过照片墙故事展现其技术和能力？让你的想象力自由驰骋吧！以下是一些建议：

- 从你读过的故事中发现人物角色。他们在照片墙故事中对发生的事件有何反应？
- 发掘历史人物。这些人物将在照片墙故事中如何表现？

- 重现科学实验室。实验室里学生在不同环节中的表现如何？
- 展示一个技能。学生怎样用照片和视频教导其他同学？
- 描绘“一日生活”。学生会分享哪些生活日常？
- 为学生返校的第一天/第一周预热。学生怎样更好地了解彼此？
- 练习一门外语。学生是如何在练习口语/书面语时复述语言的？

经常使用照片墙的学生可能已经在用这种叙事方式思考了。他们通过镜头看到自己的生活。他们会做、会观察值得分享的事情——或者期待发生的事情。并且他们会思考：是发布照片还是视频呢？是否用自拍？如果他们已经创意无限，我们只要把创新力和学习联结起来就够了。让学生用他们自己了解并喜爱的平台进行目录分类、创造并分享学习的成果！

技术宝库

其他重现应用程序体验的方法

用色拉布推出的互动AR游戏Snappables玩教学游戏。这些游戏使用的是色拉布的互动镜头，它可以覆盖你的摄像头。在Snappables游戏中，你可以用自己的摄像头与其他人互动。我知道有些游戏的体验依然可以使用谷歌幻灯片在课堂上实现重构，可从资源拓展中了解详情。

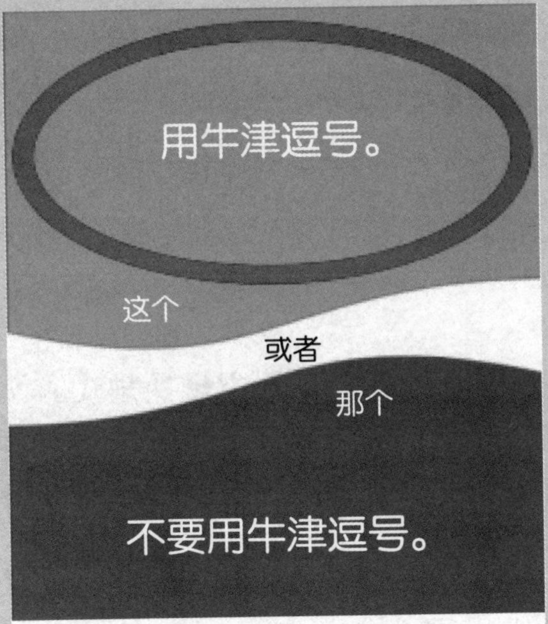

为什么？因为逗号救人命。“我们一起吃奶奶吧！”就和“我们一起吃吧，奶奶。”的意思迥然不同。

• **Would You Rather**：这是经典的“二选一”游戏。你可以在该模板中添加两个选项：一个在上，一个在下。学生用网络摄像头指向他们的选项并抓拍一张照片。在下面的文本框中，学生解释回答的理由。该内容基于韦伯知识深度理论的第三层——批判性思维。

• **我的抓拍表情**：学生身处不知道是什么场景或事件下的情绪时，用网络摄像头抓拍一张图片显示这种情绪。然后他们在幻灯片上展示照片，并解释照片所描述的内容。例子：学生们抓拍一张“兴奋的”表情的照片，然后移开有“柏林墙倒塌时全世界的感受”字样的盒盖。

• **这个或那个**：该游戏让学生在两个选项中做出选择。学生拖拽选框回答问题，并在下面的文本框中解释选择的原因。该游戏与色拉布中的一个独立游戏“Would You Rather”类似——不过这里无须自拍。

用视频或图片唤起音乐创意短视频式的体验。全球数亿用户拍摄并用抖音分享创意视频。不过，在课堂上使用抖音也有困难。由于该应用程序的服务条款限制，年龄较小的学生不能使用，且应用中还有一些不当推送内容弹出。那么你可以用谷歌幻灯片模板模仿抖音的使用感受，参考抖音的主要理念。学生可以添加自己的照片和视频，然后彼此分享。

使用学生协作平台。在课堂上创建社交媒体式体验的选择很多，它们都可以促进学生之间的合作。许多工具都能让学生像在社交媒体上一样相互交流，所以学生能够尽可能模仿类似的体验。类似的社交媒体有跷跷板（Seesaw Class）、教室道场（ClassDojo），谷歌教室（Google Classroom)以及像Canvas和Schoology一样的学习管理系统。教育通讯软件Bloomz和课堂信息应用程序Remind还能让学生分享工作类社交媒体风格的作品。

用一条推文开课。虽然成年人占据了社交媒体软件用户的大半江山，许多学生也依赖像Twitter一样的软件。（至少出版本书时情况如此！）当然，Twitter的魅力就是简洁，推文不能超过280个字。（过去的推文更为简洁：用户只能发布140个字。）标

签有助于对推文进行整理和分类，并可以用作搞笑元素，例如：#OprahApprovesThisTweet（中文意为“奥普拉批准此条推文”）。学生可以使用类似上页图的模板，为历史、小说或时事中的人物发声。

用纸创造体验。你不必仅用技术来创造想要模仿的体验！若是学生极为感兴趣的体验，不如就用纸，纸也会创造和重建同样的体验。对啊，纸还是很重要的。它可触摸，易操纵。正因如此，我现在还会随身携带纸质笔记本。年轻的学生们可能熟悉父母的社交媒体账号，不过他们还没达到合法使用的年纪，还不能创建自己的账户。我们可以在一张纸上创建“帖子”来重建体验，从应用程序或浏览器中借鉴设计元素，尽可能使其贴近并匹配外观。

找到应用程序体验的吸引力

本章的许多例子都与社交媒体有关。人们喜欢的移动应用虽然来来去去，但是社交媒体永远存在。应用程序可能改变（甚至你在阅读本书时看到的示例都可能过时），但是其核心理念不变——人们喜欢与他人联系。

现如今，很多学生沉迷于某个应用程序、网站和数字体验，我们教师可以遵循的传统建议是：如果你不能战胜它们，就加入其中！不过，如果体验能帮助我们达到学习目标，我们为什么还要尝试“战胜它们”呢？

利用应用程序创造学习体验的要点

- 学生喜爱什么应用程序？
- 应用程序的哪些方面让学生着迷？
- 怎样创造应用程序——或者在课堂上使用哪些元素来创建体验呢？

3

第 3 章

视频和音频秒杀黑板之星

在我的学生时代，录像机小车是教室里的宠儿。每当我走进教室，一看到有人在前面插电源就知道有看头了！虽然我也是那个年代糟糕教学录像带的受害者，我还是不能忘记《校舍摇滚》（*Schoolhouse Rock*）中的经典片段！向“这里是美国，我是查理·布朗”致敬。在我高中的西班牙语课堂上经常会看的电视剧是《命运》（*Destinos*）。虽然这部电视剧里的服装和妆型都带有20世纪80年代那种俗气和做作的色彩，但是我很爱看，甚至几十年后我在课堂上还给学生播放了这部电视剧。

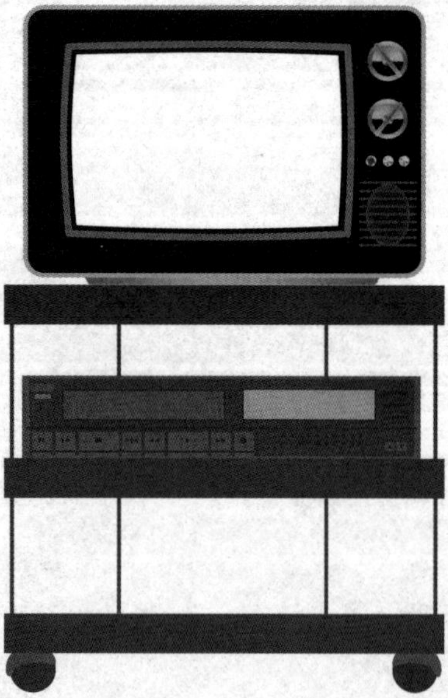

视频能对我们的大脑施展魔法，让我们进入某种心流状态，忘记时间，物我两忘，就像我们身临其境一样。事实上，视频对我们的身体确有实际的影响力。研究表明，我们观看视频时大脑与角色的经历步调一致，观看视频/电影能降低应激激素水平和血压，也能增加心率和肾上腺素分泌。

视频逐渐占据了我们的生活。由思科（Cisco）2017年委托的研究预测，截至2021年视频流量将占所有消费互联网流量的82%，预计2016年到2021年直播视频将增长15倍。

音频正在复苏，这在很大程度上归功于像谷歌之家（Google Home）、亚马逊回声（Amazon Echo）这样的智能音箱。数以千万计的美国智能音箱用户用他们的声音要求亚马逊智能音箱亚莉克莎（Alexa）、苹果智能音箱西丽（Siri）、谷歌来播放音乐、计算数学题、提供天气预报信息和播放音频内容。音频播客也很流行。四分之一的美国人收听播客——因为人们可以下载播客到手机上随时收听，非常方便。这样听众的通勤、锻炼或遛狗时间都可以变成娱乐或教育时间。

视频和音频也是学生数字生活的重要组成部分——无论是通过视频网站、其他社交媒体，还是自己录制和制作的内容。如今，视听体验已经远远超越了学校使用录像机小车的时代。今天的视频和音频工具为学生的创造力和学习赋能，帮助学生探索创造潜力，展示所学知识，并在此过程中让观众一窥独特的自我。

技术宝库

视频触手可及

创建优质视频需要昂贵专业设备的日子已一去不复返了。如今，我们日常使用的设备中内置的图像采集技术的效果极为出色，这点不足为奇。让我们来看看将视频纳入课堂体验的可能途径。

在移动设备上拍摄视频。智能手机的摄像头可以拍摄高画质的视频。在美国，45%的儿童在10岁到12岁之间会得到第一部手机。看看你的教室，这个数据应该能得到确切的验证。另外，笔记本电脑和谷歌笔记本（Chromebooks）的网络摄像头和麦克风可以快速轻松地录制视频。使用类似ClipChamp的网络录像机这样的工具激活网络摄像头，从而录制、下载视频，或上传到YouTube、在线云存储服务谷歌云盘（Google Drive）或其他地方。这些工具（及其他类似工具）很多都是免费的，或是“免费增值”的（带付费升级的免费工具），但是在不用付费的情况下仍然很好用。

在你的设备屏幕上录制视屏。录屏视频上手简单又有效。这样，你可以在电脑或谷歌笔记本上录制视频，然后保存、下

载和共享视频。此方法非常适合录制幻灯片，创建教程，以及通过组合各种应用程序中的图像制作视频。在浏览器中使用多功能屏幕录制工具，有的软件比如Screencastfiy会提供在线免费教程，帮助用户创建高质量的录制视频。如果你不使用谷歌Chrome浏览器或想尝试其他录屏软件，Screencast-O-Matic也是个不错的选择。

创建白板视频。你使用苹果平板电脑（iPad）吗？用苹果平板电脑录制白板上绘画的过程，制作成视频，并通过麦克风录音相当容易。Educreations和Explain Everything是两个iOS应用程序，在上面你不仅可以用数字白板绘图，还可以添加文本、图片、文档、网页、幻灯片，等等。如果你不用苹果平板电脑，使用有更换背景的视频软件，在录制视频时关闭网络摄像头并打开白屏，录制完将其更改为白板模式即可。

用现有媒体录制视频。你甚至无需摄像机就能录制视频！许多优秀的免费在线工具和应用程序可以合并文本、图片和现有视频来创建炫酷的视频。

环游世界，不止绿屏。你的学生不必受到地理位置的限制！绿色屏幕允许在视频中的用户界面插入任何背景，将视频虚拟地传输到另一个地点。找到一些视频抠图应用，可以让学生的创造力发挥到极致。类似iMovie或Camtasia的视频编辑器也支持绿屏效果，是可以替代的软件。只需快速搜索在线视频教程并观看，你就会步入视频编辑的天地。

灯光，相机，体验！

若你已经选择了课堂上创建视频的最佳方式，快用它来创造难忘的体验吧，而学生将会启动他们的创造力成为课堂活动的闪耀明星！不过你应该在他们制作视频时稍加指导，鼓励学生从喜爱的视频中寻找灵感，让他们的项目不会失败得一塌糊涂。让学生在作品形式上拥有更多的发言权，我们希望学生自己掌控课堂活动，在他们的作品上贴上独特的标签，他们会为自己感到骄傲！鼓励学生合成或重新制作喜欢的视频，充分展示他们在课堂上的所学所得。他们甚至可以尝试不同的视频类型（例如访谈、戏剧、教程、喜剧教育片、音乐等）。须谨记：你最不应该做的就是分步详细指导。伟大的艺术品可不是靠数字编号创作出来的！

下面是学生可以在课堂上让同学们发出“哇哦”赞叹的创意视

频项目。

• **参加虚拟徒步之旅。**使用地图软件的街景功能和录屏视频工具，带领同学们徜徉在世界各地的虚拟之旅中！街景地图以360度全景视野显示街道生活的生动样态。学生可以使用录屏视频工具录制全景图像。他们可以在虚拟街头行走，描述所见，增添细节，并且向其他同学展示所学的技能。之后，你可以将视频上传到云端，创造一个新的文件夹，以便管理。

• **成为新闻主播。**创作一个独有的新闻电视节目，配有桌子、椅子和背景（用白板也可以。）或者利用装饰品、衣柜等东西做出一个精致的布景。

用手机或其他移动设备上的摄像头，笔记本电脑，或者其他设备的网络摄像头录制视频。学生们通过新闻镜头展示所学内容，就像向观众播放晚间新闻一样。

• **主办一场游戏秀。**从课堂中选择合适内容，创建游戏节目或者像《财富出租车》（*Cash Cab*）、《拼车K歌秀》（*Carpool Karaoke*）这样的电视游戏节目。你可以完成所有脚本或即兴录制下来。

• **制作视频教程片段。**很多视频网站博主都是凭借这类视频一举成名的。海量的搞笑创意是制作视频的灵感源泉。让学生从喜欢的视频中借鉴观点，重新混录，创建独具吸引力的视频教程。

- **创造戏剧性。**电影《女巫布莱尔》（*The Blair Witch Project*）的制作成本只有6万美元，票房收入却高达2.5亿美元。它并非史上最佳的电影，但是它确实引起了电影界的注意。电影创作者是怎么做到的？他们似乎用一种原始、未经剪辑的拍摄方式讲述故事。你也可以创建自己的《女巫布莱尔》风格的恐怖故事，或假装流媒体直播应用拍摄一个故事。

- **不要限制学生的乐趣！教师也可以制作自己的视频，参与到学生的活动中去，同时展示教师个性，娱乐学生，促进学习。**拍摄你自己的教育视频让学生观看。让自己光芒万丈吧！你是独一无二的，不管你信不信，学生都翘首以盼呢！充分发挥创意，让学生放下戒备之心，让他们开口。有一位大学教授制作了一段视频，并在投影仪上播放，然后他开始和屏幕上视频中的自己对话，让学生们颇为迷惑了一阵。我还见过这样的例子：老师开始播放视频，然后走出教室，这时视频上的老师出现在屏幕上，在“真实的”老师回到课堂之前快速地跟学生分享一些秘密。充分发挥你的想象力，让学生大吃一惊吧。

一个挑战也能创造体验！2019年全北美的学生参与了节目《杀死小麦克》（*Slay the Mic Jr.*）的首秀。该节目中，学生们按照提示就林林总总的话题发表演讲，比如自我介绍，分享感受，他们未来的样子，等等。在录制视频的过程中，学生们逐渐建立起自信心，仅仅一个月的时间就可以在学生们的演讲中发现他们的蜕变。曾经的教育者、现在的公共演说家贾姆·甘布勒（Jam Gamble）是该活动的组织者。她称这次活动颂扬了学生们的声音，见证了他们增进的技能。“在我成长的历程中，小时候经常因为说话而惹上麻烦，我觉得我的声音并不真的值得赞扬，”她说，“而这个活动就是为了赞扬和歌颂。”想参与吗？请在我的博客里搜索 #STMJRChallenge话题标签查看。要么自己来接受《杀死小麦克》的挑战吧！你可以自己创建提示，给予反馈，赞扬学生的表达，并观察他们一步步的蜕变。

帮助学生找到自己的声音

音频很受欢迎。2001年播客诞生了，并在苹果多功能数字媒体播放器iPod首次上市后，很快风靡一时。在此后的几年中，播客的听众人数只增不减。55%的12岁及以上的美国人收听了几十万条播客。粉丝们通过智能音响、手机上的播客应用程序收听节目，还有人在互联网浏览器上通过笔记本电脑的扬声器收听。

发布播客的传统途径是制作音频，将其上传到主机，然后通过苹果数字媒体播放应用程序iTunes和其他平台发布。这一过程可能极为复杂，而且费用昂贵。

值得庆幸的是，发布播客的过程变得越来越简便容易，如今，简单的应用程序就能录制音频并分享给听众。Anchor和Podbean之类

的工具可以帮助你的学生创建一个班级播客。(以这两个工具为例，如果学生年龄太小，无法满足应用条款的条件，可使用你的账户，由你来监督。如果你所在的国家或地区有功能类似的工具，遵守相应的条款，和学生一起合作吧！）我已经用Anchor创建了自己的播客，发现其使用既简单又轻松。你可以根据资源拓展的提示，了解更多制作播客和学生合作创建播客的方法。

当然，不需要应用程序也能创建这种体验！学生无须被列入iTunes和其他播客平台名单同样也能创建令人惊叹的音频，并参与其中，展示自己的所学所得。例如，学生用Synth应用就能够创建音频并与他人互动，该应用还允许用户在任何时间或地点轻而易举地展开对话。Synth能储存对话方便以后收听，其他人也可以在世界各地参与对话，对话可供搜索查询。课堂讨论可以通过这些数字方式进行或再次讨论，项目小组也可以随时随地进行讨论。学生无须面对面就能参与会议，更不用牺牲详尽的讨论过程。

找到视频/音频的吸引力

人类最大的愿望之一就是认识他人，并被他人认识。学生制作音视频就是在展示他们的部分个性特征和独特之处。当他们创造真正特别的东西时，其潜在影响力几乎是无限的。学生的激情火花可以被点燃，星火燎原，传遍社区、国家，乃至全世界。2009年，11岁的马拉拉·尤萨夫扎伊（Malala Yousafzai）在博客中控诉塔利班在她所居住的巴基斯坦地区的压迫行为，强调了女童教育的重要性，引起全球网民的关注。佛罗里达州帕克兰（Parkland）的玛乔丽·斯通曼·道格拉斯高中（Marjory Stoneman Douglas High School）的学生在2018年遭遇枪击事件后本可以保持沉默，然而他们却选择组织起来，对枪支管制发声。你不得不敬佩他们英勇无畏的精神，佩服他们影响公开对话的能力。

我们的学生都有强大而独到的想法。我们能给予他们的最好的礼物之一就是帮助他们磨炼发表观点、分享改变世界的想法的技能。视频和音频为他们提供了促进有意义变革产生的巨大全球平台。

利用视频/音频创造学习体验的要点

- 学生怎样使用视频工具来展示创意？
- 学生如何通过视频教学展示其独特的个性和天赋，并教育他人？
- 学生可以用音视频作品创作什么，从而在制作过程中理解新的理念？
- 学生如何利用音频的迷人魅力来传播声音和影响他人？
- 学生录制哪些内容能帮助他们以不同的视角看待世界？
- 作为教育工作者，你能做些什么来吸引学生，帮助他们以另一种方式诠释你的课程和世界？

4

第 4 章

把学习的世界比作游乐场，我们就是玩家

《部落冲突》(*Clash of Clans*)游戏风靡我校时，学生们组队对战。在该合作游戏中，玩家建立军队，设立据点，与他人战斗来捍卫地盘。我的高中学生们在业余时间里选择游戏的一方部落各自为战。他们收集长生不老药和金币，建造堡垒和城墙，并加强各方的军队。

冲突当然不会在教室门口就会止步，课堂上也到处是打击敌人士气的口水战，学生们吹嘘自己取得的辉煌胜利和史诗般的战斗，挑战失利的同学舔舐伤口，再战一程。

上课铃声响起后的大部分时间我还能让他们偃旗息鼓，不过游戏的种子已经在我的脑海里种下了。***如果学生们对游戏这么感兴趣，我们怎么模仿这个应用程序来创造一种体验呢？***

在本书中，技术总是能创造体验。不过，本章中提到的游戏技术激发了一种“现实生活”的体验，即一款基于移动游戏应用的适合教育评估的游戏。

《部落冲突》给我带来了很多灵感，由此我创造了一个评估游戏。你可能不会从《公寓大改造》（*Ultimate Bedroom Makeover*）这个游戏的名字猜出它的创作灵感来自《部落冲突》，但后者的影子到处都是。在《公寓大改造》游戏中，学生回答问题可以得分，积攒积分后兑换物品。他们就像在《部族冲突》中收集金币和长生不老药一样收集战利品。我在白板上画了许多物品，包括床、灯和书桌等典型的卧室用品，但也包括一些出乎意料的物品，比如滑梯、游泳池或一台法拉利。学生用积分购买物品时，只需把物品画到教室前白板上的卧室图里，如何在卧室图中放置这些物品由学生自己决定。他们如何创造性地使用物品将会决定哪支队伍获胜。在课堂结束时，

每个学生都将投票选出他们最喜欢的卧室（不可为自己投票）。有时，得分不太高的队伍反而赢得了比赛，因为他们布置的卧室创意无限，兼具品位。

在我的教学生涯中，我很早就认识到了游戏，甚至游戏中的个别元素都能激励学生努力达到新的水平。游戏凭空创造动机，鼓励学生参与其中，甚至可能是努力达到前所未有的最高水平。的确，有时候学生只是为了比赛而参与和付出努力，但至少他们仍然参与其中、努力奋斗并学习成长。

难道游戏不是浪费时间？

简·麦戈尼格尔（Jane McGonigal）是未来研究所（Institute for the Future）的游戏研发总监，同时也是一名狂热的游戏玩家，她的准则是“带着目的去玩”。但她的经历比游戏更为深刻——一场游戏拯救了她的生命。

2009年，麦戈尼格尔在一次办公室事故中头部受到撞击，导致严重的脑震荡。她的症状持续了数周，甚至引发了自杀念头。为了摆脱消极的念头，让自己专注于疾病治疗，她开发了一款鼓励积极行为的游戏，名为《脑震荡杀手简》（*Jane the Concussion-Slayer*），后来又将游戏重新命名为《游戏改变人生》（*SuperBetter*）*。游戏帮她找到了康复之路。从那时起，这款游戏已经帮助近50万人应对现实生活中的挑战，实现了个人成长。

游戏对每个玩家的益处不仅仅是消磨时间。第一，游戏能对抗消沉的情绪。麦戈尼格尔在接受《给自己的日记》（*Note to Self*）播客节目的采访时说：“游戏的反义词不是工作，而是抑郁。”第二，像数独或割绳子这样有挑战性的益智游戏可以提升玩家的能量和动力。第三，只要玩能够激发心流状态的游戏约20分钟，就可以减少焦虑或压力。第四，她指出，电子游戏可以为玩家逐渐注入勇气和毅力，激发创造力和社区意识。麦戈尼格尔说，当提到电子游戏时她一直被问到这个问题：***自从玩了这个游戏，你在哪方面有所改善？***以上四点就是回答。

* 后来麦戈尼格尔出了同名书《游戏改变人生》（*Super Better*）。——编者注

通过游戏学习

课堂教育技术是在现实生活中玩游戏、创造游戏和增强游戏的绝佳媒介。游戏可以充分调动学生的参与度，帮助他们学习更多的知识。我们可以在很多游戏中找到灵感：比如任天堂的Nintendo Switch或索尼的PlayStation的主机视频游戏；比如《愤怒的小鸟》或《部落冲突》的手机游戏；或者如《大富翁》和《大战役》等传统的棋盘游戏。你甚至可以从零售奖励计划如“星巴克之星”（Starbucks stars）、游乐场的游戏如“石头剪刀布”和角色扮演游戏如《卡坦

岛》(*Settlers of Catan*)中找到灵感。

选择课堂游戏的基本理念，以下三种方法供你挑选：

- **创建属于自己的游戏。**在现有的挑战或游戏中找到有趣的元素（比如赚取积分来购买物品，就像我受到《部落冲突》启发创造的那个游戏），然后调整元素，发明新游戏。如果一开始你创造的游戏不够完美也不必担心，你的学生可以在玩游戏的过程中帮你完善。

- **让学生来创造。**我们把教育更多地交给学生，他们就能更好地拥有它，并成为终身学习者。在课堂上添加游戏元素时，让学生集思广益，想出最佳的主题、游戏规则、剧情的起承转合和角色，等等。

- **“偷”师学艺。**如果前两个方法不奏效的话，试试从别人那里借鉴想法。作家奥斯汀·克里昂（Austin Kleon）鼓励像艺术家一样“偷”（这并不像听起来那么邪恶）。随时随地寻找创意，收集创意，然后从中汲取灵感，最后将其化为己用！克里昂在《像艺术家一样偷师学艺》(*Steal Like an Artist*)一书中写道：“万物皆可取。如果你今天找不到值得‘偷窃’的东西，你可能在明天、一个月或一年后发现更值得窃取的东西。”

一旦你对想借鉴或修改的游戏元素有些想法了，如何利用技术创造一个优秀的游戏体验，从而促进学生学习和参与，使他们更有动力呢？下面一些例子可供参照。

玩游戏可以实现“重复性”

我们使用的一些素材并不需要进行深入的批判性思考。基本内容虽然很重要，像词汇、国家首都、拼写单词，但是只需重复记忆就能转化为长期记忆。许多数字工具都提供了游戏风格式的重复性和形成性评估，例如：

• **挪威游戏化学习上市公司旗下的免费学习游戏平台Kahoot!：**支持同时向学生显示多项选择的功能。

• **印度游戏化学习教育科技旗下的多人课堂测验平台Quizizz：**支持在学生的设备上以各自的速度显示出多项选择。

• **美国卡片类学习软件Quizlet Live：**提供一种团队协作式的闪卡游戏，团队中的学生玩家可以同时使用多个设备来找到正确的答案。

• **实时问答学习平台Gimkit：**学生回答问题赚取积分，购买“提升道具”以提高分数。

• **用于学生参与度和形成性评估的视频平台Flippity：**此平台允许使用谷歌表格（Google Sheets）创建练习游戏。

不过，玩游戏要适度。一方面，学生若过度玩游戏，可能会从沉迷游戏变成寡然无趣了。（你听说过“Kahoot！倦怠”吗？）另一方面，虽然在课堂上换着花样玩学生们最爱的游戏益处良多，但是如果将游戏原封不动照搬在课堂上，而不是改成评估游戏，就是盲目地玩游戏。相反地，学生可以在一堂课上，将评估游戏玩出各种花样。你可以根据资源拓展的提示详细了解。

11

小组成员停在数字 11，不继续玩到 12。通过这种方式，所有小组可以完成整轮的练习。赢的一队即使已经获胜，也不会强迫其他小组结束游戏。

喧嚣

玩家坐在椅子上，不向本组成员移动，而是在课堂上进行口头交流。（游戏的安静版本为：大家安静地在全班交流。）

卡片类软件的新玩法

（以 Quizlet Live 为例）

创意来自帕特里克 · 麦克米伦（Patrick McMillan）

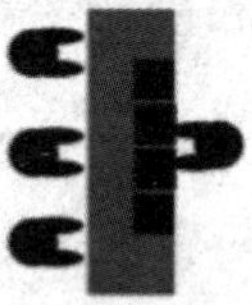

接力

学生并排设置好电脑，然后在电脑后面排队。游戏开始，学生轮流查看所有的电脑，找到正确答案并叫下一位玩家继续。

拍拍搭档

一半队员站着，一半队员坐着。站着的队员拍一位坐着的队员的肩膀（左肩或右肩）以示计算机上的正确答案。坐着的队员抬头选择正确答案。

让学生一边玩游戏，一边与数据互动

我一直喜欢《家庭问答》（*Family Feud*）这款电视节目的设计前提。该节目向100个人提出一系列问题，参赛者必须猜出每个问题最流行的答案可能是什么。对学生来说，这是一个用假设和推理技巧来理解他人思考方式的好练习。你可以使用在线表格从学生（教师或其他人）那里收集数据来重新打造该游戏。你甚至可以使用现有的数据集（如人口普查数据）创建游戏。你可以根据资源拓展的提示了解更多，将数据添加到幻灯片模板中，创建专属于你自己的《家庭问答》游戏。该游戏会帮助学生透过数据创建更深层次的思考提示，用来分析数据形成的原因。

玩游戏提高学生的问题解决能力

《密室逃脱》教育版（*Breakout EDU*）是“密室逃脱”游戏热潮下的改良版。其基本前提是：你被锁在一个房间里，必须与其他被困玩家一起解开谜题，然后逃离房间。在《密室逃脱》教育版游戏里，学生努力解锁被多重锁住的“逃脱盒”。隐藏在房间周围的线索和物品可以帮助学生解锁。许多教师使用谷歌网站和表格等工具创建数字化的《密室逃脱》教育版风格游戏。

密室逃脱教育版游戏还有很多其他益处，比如打造以学生为中心的学习经历、培养学生的4C技能（批判性思维、协作、创造力和沟通技巧），并囊括了社会情感学习。你可以访问breakoutedu.com/digital了解更多密室逃脱类游戏对培养学生的益处。你也可以根据资源拓展的提示了解如何通过规划指南和步骤说明来创建自己的数字逃脱密室。

用游戏让评估游戏成为一种体验

我是评估游戏的超级粉丝，在教学生涯中发明并借鉴了相当数量的评估游戏。你可以通过已有的技术改进评估游戏，把它们变成难忘的体验！记得有一年夏季奥运会的前几个月，我的班上玩了好几天累积评估游戏，名叫《西班牙语课奥林匹克》（*Spanish Class Olympics*）。我把几款标准的评估游戏打包在一个大型评估游戏中，又利用技术添加了一些特别元素，让游戏更加令人难忘，如下所述：

- **音乐。**每天上课铃声响起后，我开始播放美国全国广播公司（NBC）电视网通常在奥运会期间播放的音乐：利奥·阿诺德（Leo Arnaud）的《号手的梦想》（*Bugler's Dream*）。这首歌能唤起我很多回忆，每次听到它我都会斗志昂扬！
- **排行榜。**我在谷歌中创建了一个模板，便于显示哪个学生组领先其他对手，并每日更新数据。我将全班学生分成3支队伍，这样的班级规模和比赛安排都比较容易计算。获胜队每场比赛得5分，第二名得3分，第三名得1分。

- **游戏比赛。**我挑选了一些我们最喜欢的数字评估游戏（见上文），并将它们与一些传统的“现实版”评估游戏混搭，如词汇游戏《苍蝇拍》（Flyswatters），复习学习内容的游戏《打垃圾球》（Trashketball）等。详情可访问资源拓展提供的网址，以获取这些游戏的详细信息，包括如何设置排行榜。

创建贯穿全年教学的游戏

独立游戏可以激发学生的即时参与度，但这些游戏的好处也许不会持续很长时间。要想保持数天、数周或数月的动机，游戏时间必须持续一天以上。学生需要激励才愿意继续玩下去——需要努力争取的奖励！整学年的累积游戏可以为学生提供游戏平台，当然也是他们获得成就的平台！游戏让他们不断获益，不断地想再玩游戏，再获益，如此循环。

想一想你去过的商店、餐馆或其他零售商的奖励计划吧。对于我来说，我想到的是星巴克“星享计划”中为会员积分的星星。我喜欢喝星巴克咖啡，不过也没有爱到不去其他咖啡店。让我喜欢时常光顾星巴克的原因是星享计划，每次我在应用程序上购买星巴克咖啡之后就能赚得星星。有时，如果在一定时间内购买某些商品就可以获得额外的星星。我的目标是什么？是获得的免费咖啡。星巴克的目标是什么？是我能在他们店里消费更多。在常年的累积游戏中，学生需要目标，游戏也应该基于这些目标创建。

迈克尔·马泰拉（Michael Matera）在《像海盗一样探索》（*Explore Like a Pirate*）一书中指出长期课堂游戏的几个重要特征：

• **拥有主题。**主题是设计活动、物品、徽章、挑战等事物的基础，可以从一部电影、一段历史时期、一个故事类型或其他源头获得。对于你的学生而言，什么样的主题是他们最感兴趣的？

• **进行环境设置。**地点和时间细节可以激发学生的想象力。

• **让学生进行角色扮演。**你的学生会角色扮演吗？游戏中有什么类型的角色？学生是否可以和其他角色的学生配合默契？让学生愿意扮演、欢呼或者反对的令人信服的角色可以提高学生的热情，让学生真正投入到游戏中去。

• **设计行动/冲突。**情节主线是什么？角色在努力达到什么目标？角色会经历怎样的历程？冲突是怎样被解决的？

凯丽·鲍库姆（Carrie Baughcum）在伊利诺伊州一所中学教授特殊教育课程。她精心设计了游戏主题，创造了一款称为《星球大战之大富翁》（StarWarsopoly）的长达一年的游戏，这是一款融合电影《星球大战》和经典《大富翁》棋盘游戏元素的游戏。每个学生在游戏伊始都是绝地学徒，希望成为绝地大师。学生通过展示正向技能获得积分，其技能包括准备能力和时间管理能力，以及21世纪的必备技能——协作和创造力等。积分可以用来购买能量，例如学生梦寐以求的高科技武器光剑所带有的能量，也可以购买房产以赚

取自凯丽·鲍库姆的班级社交媒体账户

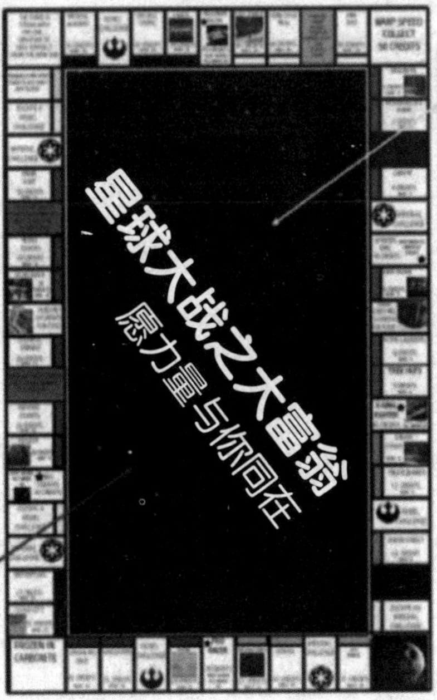

反对派挑战

帝国挑战

取租金。不同颜色的光剑代表学生们一年中展现出的不同能力。鲍库姆解释说，她将游戏元素层层叠加在已经包含的教学内容上，则游戏不会占用宝贵的教学时间。

密苏里州英语老师劳拉·斯坦布林克（Laura Steinbrink）选择漫威漫画公司的《神盾局特工》的主题，学生玩家将完成所有炫酷的秘密任务和“特工”活动。这个主题是她和学生们共同创作的。她说，“你可以加入游戏、电影或流行文化等许多元素”。她将团队精神融入到游戏中，建立长期团队并完成特殊任务——特殊任务由不同的团队成员共同完成。当你在规划游戏时，她提醒道，“不要陷入到细枝末节之中，那样你永远不会真正让班里的同学享受游戏。”若想阅读更多劳拉班级游戏的信息，可访问资源拓展提供的网址，获取超级英雄的游戏化指南，包括主题、团队和支线任务。

课堂上可运用的技术可以加深长时课堂游戏的体验，使之特别难忘。你可以将游戏的设计元素融入到每个小细节中，还原颜色、版式、图片和引述。你可以用谷歌课堂，从你的游戏元素中创建一个自定义标题。以加拿大教育游戏公司的Classcraft平台作为管理游戏化课堂的大本营。另一个选择是使用谷歌表格中的游戏模板，这是教育家、作家兼演讲者艾丽斯·基勒（Alice Keeler）创建的，若想了解更多相关的信息，可访问资源拓展提供的网址，获取关于游戏化你的专业发展建议，包括如何设置徽章和升级。

找到游戏的吸引力

桌游、移动游戏、视频游戏和运动游戏——它们吸引我们的原因是我们喜欢玩这些游戏。当学习变成玩耍时，无聊变成活泼，困难变成欢笑，劳作变成舞蹈。当学生想起学校就兴高采烈，迫不及待地想再次上课时，他们的思想就会更加开阔，心态上也会准备就绪。

利用游戏创造学习体验的要点

- 如何将学生喜爱的电子游戏、节目、电影和其他流行文化元素融入课堂?
- 如何将游戏挑战扩展到整个教学单元、整个学期或全年?
- 如何用游戏的形式让重复学习变得更有趣味?
- 在整个学习过程中，可以为学生设计哪些挑战项目来激励他们?

5

第 5 章

在线协作：从4000英里到4英寸

不过是谷歌文档而已。我以前从未见过学生那么专注于在线协作文档，但那天并不是文档本身把课堂变成了如此难忘的经历，而是更宏大、更深刻的东西吸引住了学生。

几周前，我向西班牙语3班的学生介绍了一些新朋友，他们也正在学习一门语言。他们和我们的同学有什么差别呢？这些朋友虽然都像我的学生一样十七八岁，却住在几千英里之外的西班牙大都市瓦伦西亚（Valencia），而我们居于印第安纳州中西部的村镇里。两个班最初是通过简单的Skype网络电话工具进行了交谈。为了消除彼此的局促感，我们玩了一个“神秘Skype”游戏（可参阅第8章了解更多）。然后我们又相互询问了一些日常生活问题，比如：晚餐通常吃什么，穿什么款式的鞋子。

在第二次视频通话中，我们开始开展正常学习活动了。就是在最普通不过的地方——谷歌文档，魔法开始显灵。学生们被分成小组，每组由两名来自印第安纳州的学生和两名来自瓦伦西亚的学生组成。教师会提供一些讨论问题，小组成员通过共享文档合作学习。这种体验与逐步了解一个距离遥远的笔友类似，不过是以数字化的实时方式进行的。

我的一些学生回答了讨论提示的问题，一个小组开始兴奋地叽叽喳喳讨论。整个过程是如何进行的呢？他们的屏幕上会出现一个蓝绿色光标，光标向文档下方移动，停在一个问题处，然后文字开始出现。

来自西班牙的学生与我们同步使用一个文档，我们能立刻看到他们打字输入的答案，这就是实时协作。

这件事当然不足为道。即使在当时，文档在线协作也并不是突破性的新事物，今天也不是。

但是对我们而言，在线文档协作却以某种方式显示着它的真正伟大之处。西班牙的瓦伦西亚距离我们学校4409英里（约合7095.59千米），然而在数字世界中，我们与西班牙朋友并肩学习，仿佛只相隔4英寸（约合10.16厘米）。这就像一个转折点，距离不是障碍，我们可以在任何时候自由地与任何人共同工作、相互学习和协作。

协作不仅仅只是决定完成小组的项目，它是一种我们在一起会更强大的信念。正如技术作家大卫·温伯格（David Weinberger）所说，“房间里最聪明的就是房间本身”。

协作还让学生们练习了雇主对求职者最看重的四个条件。美国大学和雇主协会（The National Association of Colleges and Employers）发布的《2020年就业展望调查》指出，解决问题能力、团队合作能力、书面沟通能力和领导力等是位居前六位的重要能力。

在这项调查中，雇主揭示了当今职场中的重要真相：谁在做事相对不那么重要，达到团队协作以实现成就最大化才至关重要。然而，我们难以在学校和课堂上与这些现实条件保持一致，仍然固执地坚持给每个学生打分。

团队协作具有神奇的魅力，它不但鼓舞人心，还富有成效。毕竟学生是渴望社交互动的。当他们学会一起协作，努力追求一个有价值的目标时，我们的课堂就是在培养未来需要的领导者，而技术只能提供帮助，数字工具会为成功协作提供肥沃的土壤。

谁在做事
相对不那么重要，
团队协作
以实现成就最大化
才至关重要。

聚光灯下

共享幻灯片中的团队协作

社交媒体最大的吸引力在于它将我们与他人联系在一起。我们有机会看到其他人对我们分享内容的反应，同时了解他人的情况。协同学习能在课堂上创造同样的体验。在线演示工具如谷歌幻灯片和在线微软幻灯片使得协作成为可能——事实上，不只是可能，还是简单易行。

首先，你可以为每位学生创建足够多的幻灯片（可额外准备一些），确保人人有份。然后与学生共享幻灯片，邀请他们加入这个在线文档并参与编辑（详细的分步教程可参阅资源拓展提供的线索）。该活动快捷、准备工作不多，但好处多多：

- 为每个学生提供一小块“数字地产”。所有学生都有自己的幻灯片以完成各自的任务。
- 一个共享的学习环境，每个人可以一起协作。学生要有自己的空间，但是全班同学一起协作可以创造出更大的成就。不如把它看作一种“众包”形式：每个人完成一小部分，以迅速收获更大的成果。
- 这是学生谈论其正在创造和学习的东西的简单方式。评论功能揭示了这项活动真正的协作性质。学生可以用数字方式相互查看幻灯片，互相交流，写下对想法、问题和意见的评论。

学生共享并一起协作
以谷歌幻灯片为例

（也可选择微软或其他幻灯片演示文稿）

1 创建新的幻灯片演示文稿。

2 为每个学生准备足够多的幻灯片（可多准备一些）。

3 点击“分享”按钮。点击“获得共享链接”。

4 改为“获得链接的任何人可编辑”，然后复制链接。

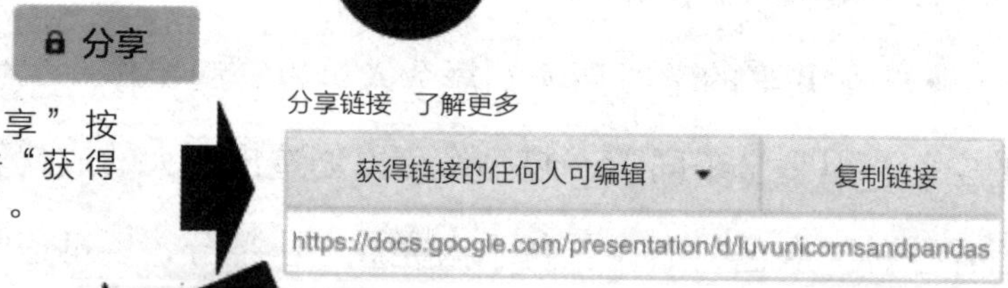

5 把链接发给学生。他们点击后找到一页幻灯片，然后就可以编辑了！

下一步学生们该做什么？幻灯片实际上是一页白板，所以填写任何内容都行！以下是一些在课堂上使用幻灯片的方法：

- **写作提示。**给学生一个主题（或布置自由写作），让他们在幻灯片上而不是在文档中写作。
- **大脑转储。**让学生用文字、图片或图文记下记忆中有关主题的所有事情！
- **创作图形组织器。**用简单的图形组织器，如维恩图解、鱼骨图或KWL图表[①]来设置幻灯片。让学生动起手来，更多的图形组织器参考模板可参考资源拓展。
- **创作信息图。**信息图融合了文本和图像，是使视觉丰富的创作（我们将在下一章中详细讨论）。信息图具有视觉上的刺激作用，促使我们进行良好的总结。这些对大脑友好的、由学生自己创造出的图，可以给学生的文章写作和研究带来巨大的变化。资源拓展提供了将图标、照片、形状之类的东西与文本组合起来的方法。
- **创作连环画。**使用设备上的网络摄像头拍摄一些照片，然后添加对话泡泡、更多的图标、箭头……任何东西（同样地，我们将在下一章进一步讨论这个话题）！想要了解更多关于创作连环画的内容，请查阅资源拓展，其中有我与加州教育家科里·奥兰多（Cori Orlando）合著的文章。
- **视频。**让学生选择一段视频来解释一个概念或展开课堂讨论。

① 即Know What to Learn图表。——编者注

学生可以在幻灯片上添加文本，解释他们选择的原因，创建一种带注释的播放列表。

一旦学生完成了各自的幻灯片，就是大家一起合作的时候了！他们观看彼此的幻灯片并添加评论。大多数学生熟悉社交媒体，因此给一个朋友发布的信息写评论再自然不过了。事实上，可以说许多学生已经在频繁地使用社交媒体，花费在练习数字化评论技巧的时间已经无可计数了。那么我们不妨利用这个优势！我们可以借用维基百科的讨论规则作为指导："要有礼貌。要有诚意。避免人身攻击。使用可靠资源。"

使用共享幻灯片的另一个优点是什么？是准备工作少！一旦学生知道在幻灯片上做些什么，你的工作就完成了，剩下的就交由他们了！你已经创建了一个数字工作室，可以用丰富的文本、图片和多媒体材料进行协作和创作了。你对学生的指导已经足以帮助他们开展活动，但是你也要确保他们有足够的自由度，让活动成为他们的专属。

当学生开展活动时，你要密切注意他们的行为，多多鼓励他们，必要时你要稍加更正并重新改变他们的活动方向。但最重要的是，尽情享受你可以自由参与的、一对一的对话和彼此建立的关系。虽然学生是创造学习体验的人，但是你在他们创造的同时也正在创造一个真正的面对面的个体体验！

技术宝库

如何利用其他的协作平台

协同学习必须使用幻灯片才能进行吗？绝对不是！想一想你和你们班学生使用最多的应用程序、网站和数字化工具，只要能为学生提供学习空间和评论同学作品的平台都是可以的。幻灯片演示绝不是强制性的！事实上，学生可以各自在一张打印纸上完成作业，然后交换作业并相互评论。不要被数字化工具束缚住。爱上这种体验，找到方法，用最适合你学生的工具来重建这种体验。

以下是一些促进学生进行数字化协作的其他方法：

使用博客。任何人都可以在博客上写作、发布文章，从而被别人关注，与读者互动。可以用于写作的话题包括对课堂学习内容的反思、自由写作、天才时刻（Genius Hour）风格的激情项目，等等。学生博客平台比比皆是，有免费平台，也有付费平台。你可以根据你班上学生的喜好来选择。参阅资源拓展提供的信息，你会发现：

- 充实学生博客（博客文章/聊天评论/播客）内容的20个要点。
- 博客训练营：最佳的入门工具、技巧和资源。
- 我的博客之旅以及我的做法（步骤说明）。

使用地图。创建一个由学生创建的“众包地图”。许多地图应用都有标记功能，你可以在自定义的世界地图上用图钉标记位置。点击一个图钉就会弹出一张卡片，你可以在其中添加标题、文本、可点击的链接、图片和视频。这时，基本上每个图钉都会变成多媒体演示。每个图钉可以组织成图层，并能在地图上给出自定义图标。通过合作，学生可以从你正在学习的国家或阅读的书中定位重要地点，他们还可以从中识别出某些生物群落的地点，某些重要历史事件的发生地，或者统计数据集合的中心位置。当然，学生之间的讨论是该过程的重中之重：学生讨论后才决定是否标记位置，或者看到绘制好的地图后所得到丰富的学习体验。

我总结的20种利用地图软件提高课堂教学效果的方法，详情请参阅资源拓展。

使用视频网站。选择自己熟悉的视频网站，学生之间可以合作制作视频并上传到网站上，但这并不是将其用于合作学习的唯一方法。学生还可以就播放列表进行合作，例如，选择代表某个历史人物的视频，描述他们正在研究的地方，或者教授你希望他们学习的技能。分享播放列表只需使用“共享”或“协作”选项。学生可以添加视频，甚至更新播放列表的标题和描述。考虑创建一个可编辑的在线文档（例如使用包括但不限于谷歌文档或微软在线文档的文字办公文档工具），学生可以在其中写下他们添加的视频以及添加的原因。然后，在播放列表的描述中包含指向该文档的链接，这样学生们都可以轻松访问。

使用视频。数字协作远不止文本编辑这一个功能。以视频平台Flipgrid为例，该应用允许学生录制短视频来回应课堂上发布的主题或问题。学生录制的视频可以被其他同学看到。他们可以留下视频回复，让参与的同学进一步进行视频对话。主题和网格（主题所在的位置）可以被广泛共享，这样全世界范围内的学生都可以参与到讨论中。

促进线下协作

当然，协作不一定总是数字化的！维持面对面的交流是保持人性的重要部分。我认为，作为教师，我们处于帮助学生保持人性的绝佳位置，我们有能力在没有技术辅助的情况下促进学生的和谐共处。我们能为学生们寻找合适的位置，帮助他们在工作和个人生活两方面都可以茁壮成长——如果他们在无论是否有技术加持的情况下仍能交流，就是作为活生生的人类在进步了。

找到协作的吸引力

人类是群居动物。我们渴望相互学习，相互交流，相互见面。伟大的合作就像含苞待放的花朵一样，你不能强迫花朵怒放，但可以为花朵提供最佳的生长环境。精心培育这种环境，相信你的学生能够受益匪浅。要是他们所得甚少，没有从经验中有所收获，就帮助他们从体验中学习吧，下次再改进！当合作之花绽放在你和学生之间，或者未曾相识的学生之间时，你将会创造一种多么美妙的体验！

以下是促进课堂合作的重要贴士：

• 将数字协作与面对面协作结合起来。在我们的现实生活中，交流不仅是唯一方式，我们需要帮助学生在数字对话和现实生活中锻炼成长。即使你觉得自己不是某个话题的专家，也要给出最好的建议！

• 制定基本规则。该目标是创建一个“护栏”——就像建立高速公路上的护栏那样，保护人们免受危险。请务必谨记，穷尽列出所有“禁止”清单可能会扼杀班级的合作文化，会传递出一种不信任的信号，而且很可能在无意中给学生暗示可能会出现的不当行为。相反，考虑列出一份“必做”清单，为学生赋权。

• 建立一个应对故障的行为模式。学生可能会滥用协作这个方法。这时不要放弃活动，不如与个别学生一起解决问题，或者帮助全班同学充分思考滥用方法的行为。最重要的是镇静，保持头脑冷静，你教给学生的不仅是课程，还有他们如何应对压力的能力。

利用协作创造学习体验的要点

• 如何在学生之间增加一层互动的功能，让他们与其他人沟通？

• 你能提出什么生动有趣的问题，让学生们开口说话？

• 学生们如何合作才能创造出比独自完成更宏大、更炫酷、更全面的作品？

• 学生积累的经验可以用在何处，以改进其学习、创造体验？

6

第 6 章

友善用脑：照片墙值得一学

广告牌、杂志广告和社交媒体帖子都有两个共同点：(1) 它们试图阻止我们的思维方式或思路，这样我们就能注意到一些事情；(2) 它们非常依赖于视觉效果。

你有一个巨大的广告牌帮助你吸引学生的注意力，并在课堂上创造一种体验：那就是你的白板或黑板。

通常我们会在白板或黑板上写下重要的提醒、内容要点、课程里的重要概念。但是，我们能利用白板激发出学生的想象力，或者告诉他们一个新想法吗？既让他们脸上挂着微笑，同时还能帮助他们学习。

我在自己的西班牙语高中课堂上就经历过这种“教学风险”（不管你是教西班牙语、数学，还是教二年级学生，都可以如法炮制）。我和学生一起用西班牙语写故事，以练习新词汇和语法。故事的闪亮主角是我的学生们。我们一起头脑风暴、集思广益，讨论下一个故事情节的转折点或笑点。那段时间我们一直都在练习新素材。

起先，整个过程只能说过得去：我的学生们并非充满热情地跑进课堂，开始一天的故事创作。大多数学生在专注地创作，但也有一些人走神儿了。我本想带领学生推进到下一个阶段，可是突然意识到我有一块巨大的画布用来画故事插图，那就是白板！

当我们讨论决定第二天的故事角色时，我把角色画在了白板上，那是速写的简笔画。当我们商讨更多的角色特征时，我增加了一些装饰品，帽子啦，假发啦。我们创造了一个场景：超市。我飞速地画下一栋建筑（想想一个三年级学生会画的那种房子），并为它标为“supermercado”，这是西班牙语“超市”的意思。突然，几个心猿意马、漫不经心的学生眼睛紧紧盯住了白板。我敢肯定，一部分原因是有新鲜玩意儿出现了。但我确信，还有一部分的原因是他们可以想象这个故事。

整堂课上我们进行故事创作，经历欢声笑语，在白板上画着简笔画，最后故事完成了。然后一些学生做了我未曾预料到的事情，他们要求用手机把这些画拍下来！一些学生甚至在社交媒体上发布了这些图画。

我的画看起来一团糟，他们拍照并不是因为我是多么出色的艺术家。我的简笔画技法拙劣，里面的人物往往古里古怪的，比如一条胳膊短，另一条胳膊长。（有时，我的错误会嵌入故事情节里。我们创造了一个独臂人，因为我画的胳膊线条不够长！）学生们想拍下这些照片，因为这是我们一起创造的一段经历。他们拍了照，因为他们——我的学生们——是一起创造的疯狂故事中的闪亮明星。

“一画胜千言”成为套话是有原因的。视觉效果——包括图像和视频在内，可以达到栩栩如生的效果。我们大脑处理视觉信息的方式与文本不同，卡内基梅隆大学（Carnegie Mellon University）认知脑成像中心主任马塞尔·贾斯特（Marcel Just）解释说：

“加工印刷品并不适合人类大脑天生的处理方式。印刷文字是人工产物。它非常方便，我们人类已使用了5000多年，但它毕竟是人类的发明。相比之下，大自然已经在人类大脑中建立了观察和解释视觉世界的能力……我认为视觉媒体在传递思想方面会变得越来越重要，这是大势所趋。”

问一问自己：在教室里如何使用视觉媒体呢？最起码，我可不可以画图表或图形来帮助学生理解？我能给在白板上画的图画增加有趣的东西，或是能反映学生及其独特性的东西吗？如果我不想自己做，可以请一个学生为我画图说明吗（快速地，也许在限定时间内简单地做一下）？

技术宝库

寻找胜千言的图画

如果我们想要大脑得到益处，看到美丽的图片后会发出“哇哦”的惊喜元素，我们首先需要知道在哪里能找到并创建图片。以下是一些选择。

使用搜索引擎检索图片。在搜索时，如果不用搜索过滤器（有的叫筛选器或搜索工具）检索图片，就可能导致学生不小心用到他人受版权保护的作品。所以，帮助学生过筛图片以便重新利用还是有用的。

使用手机拍摄的照片。这是获得自定义图片的一个好方法，可完美满足你的需求。做一个摄影师，拍摄你自己的照片吧！教育家肯·谢尔顿（Ken Shelton）在技术实验室里教学时，他的学生收集了12000余张照片和1000多小时的自制录像片段。肯班级里的学生不断增加作品，还常常在创作时使用素材库中的作品。学生的手机摄像头几乎和许多数码相机一样清晰，功能强大。

使用网络摄像头。笔记本电脑、谷歌笔记本和台式电脑通常都有内置网络摄像头。把摄像头充分利用起来！首先，检查一下你的设备是否有摄像头应用程序。如果没有，很多程序和应用会连接你设备上的网络摄像头来拍摄。例如，许多办公应用套件都允许使用网络摄像头插入图片。

创建自定义图形。图片不一定是照片！使用类似可画在线设计平台（Canva），或使用类似于Adobe Spark的绘图工具制作图形。用形状、线条、文本和其他图形元素创建既有用又有趣的图像！下载后，导出图片文件的格式（.jpg或.png格式），在学生的作业或教学中使用！

用图片创造完美的学习活动

我们已经知道人类的大脑适合通过图像学习。有些工具可供我们随意使用：网络摄像头、图片搜索、数字应用程序、白板，甚至纸张！那么……我们用这些工具能做什么？我们如何用图片创造学习体验呢？

信息图。目之所及，信息图到处都是。你可能在图片分享社交平台Pinterest或社交媒体上看到过很长的信息图。新闻媒体越来越

多地利用信息图来分享信息。信息图是文本和图像的混合体，它富有感染力、色彩丰富，其设计旨在快速简单地解释较为复杂的概念。如果信息图有效有趣，又适合大脑加工，就可以成为精彩的学习活动！你一定能体验创作过程的快乐，以及创作完成后与他人分享的自豪感。以下为制作过程：

- 寻找数字工具并使用，例如从可画（canva.com）的素材中心找到免费的图标用来设计属于你的信息图。
- 使用文本片段——简短的词组、单句或小段落。
- 在Noun Project矢量图标网站（thenounproject.com）中输入英文关键词，得到想找到的图形、图片、图标等视觉资料，备份所有内容。
- 以符合逻辑的方式组织内容，用线条分隔段落类别，用箭头标识线性路径，并按步骤编号。
- 颜色标识会让信息图更加生动有趣！色彩选择可以帮助学生组织和传达情感和情绪。
- 将信息图下载为图片文件。创建可共享链接，然后添加到课程网站或电子作品集中。学生甚至可以在像跷跷板（Seesaw）这样的课堂合作网络中心上分享作品。还记得上一章我们讲过的共享幻灯片活动吗？你可以让学生以图片的格式下载信息图，然后粘贴到他们的幻灯片上，这样学生就可以共同协作，彼此分享评论了！

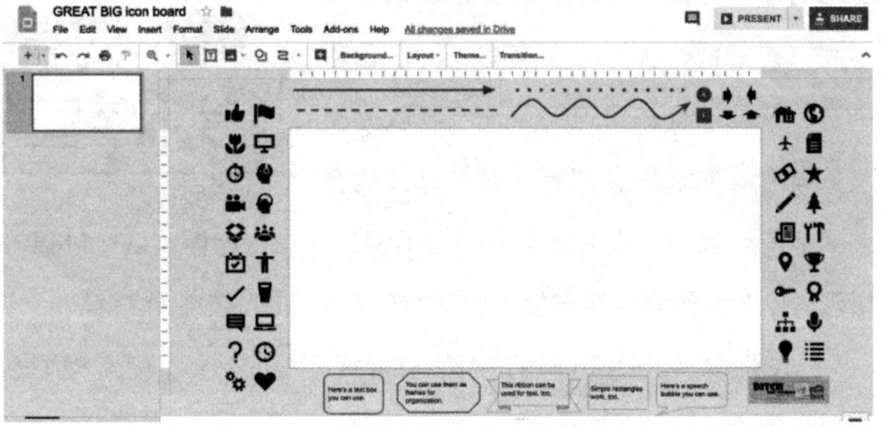

节省你和学生制作信息图的时间。与其让他们从空白处开始绘图，不如为他们在谷歌幻灯片或微软幻灯片中创建一个模板。把他们可能使用的图标、箭头、形状、对话泡泡等任何东西放在绘图周围的空白处。有没有注意到数字文档、幻灯片或绘图周围的灰色区域？实际上，这就是你的工作区域，就像你办公桌上笔记本电脑周围的空间。如果学生在那里找到可以在信息图中使用的对象，他们就无须浪费时间寻找完美的图片。我有一些预先创建的模板，你可以在谷歌幻灯片或微软幻灯片中复制和使用。我称之为图标板，因为里面以大量图标为主要特色！关于制作信息图的启发、小贴士、注意事项等，你可以在资源拓展中找到答案。

创建你自己的模板并与学生们分享。你可以使用谷歌教室，在作业中附加模板，从下拉菜单中选择“为每个学生制作一份副本”；或者用“共享”按钮获得可共享链接，这样任何拥有该链接的人都可以查看。然后学生可以在“文件—制作副本”下制作副本。

请加题注！ 图片和对话/思维泡泡会带来许多有趣的学习体验！密苏里州的英语老师劳拉·斯坦布林克和我合作撰写的一篇文章介绍了这些活动，我们称之为“请加题注！”我们喜欢使用谷歌幻灯片或者谷歌绘图，你也可以使用微软的幻灯片。为了创建内容，你可以：

- 获得与你创建内容相关的图片。使用图片搜索（插入—图片—搜索网络）。用网络摄像头拍摄照片（插入—图片—摄像头）。
- 画出一个对话/思维泡泡（插入—形状—插图编号），以显示图片中的人的想法和对话。
- 用箭头形状（插入—形状—箭头）标记和标识图片的重要部分。
- 使用文本框说明你的想法，解释你认为角色这样思考和说话的原因。

该活动是高度视觉化的，很有趣，也能调动学生进行深度思考，涉及到衡量批判性思维标准的韦伯知识深度的三个层次：学生发现图片的重要元素（第一层），从角色的角度看问题（第二层），解释角色做出决策的原因（第三层）。而且，这种活动也只需很少的准备工作！如果学生能找到自己所需的图片，在对话/思维泡泡和文本框中编辑，这实际上就是一个无需准备的活动。每个人都是赢家！关于“请加题注！”活动，请从资源拓展中了解更多，其中有我与密苏里州教育家劳拉·斯坦布林克合著的一篇文章，包含相关示例和更多信息。

定格动画。无需花哨的软件或硬件，你的学生也可以创建定格动画——用谷歌幻灯片或微软幻灯片足矣，你的学生可能早已用过其中一个软件了。如果学生们开始设想一个有关动作的故事，他们就可以用动画功能来实现！主要的操作流程如下：

• 创建第一张幻灯片时，使用幻灯片上的所有素材开始制作动画。如果你想要创作一个故事，可能需要包含角色、背景和环境等元素。例如：如果要演示有丝分裂（细胞分裂），你需要绘制出原始细胞。

• 复制第一张幻灯片。

• 在复制的幻灯片上制作动画，只要把需要移动的项目朝着目标方向稍加移动即可。

• 复制幻灯片。把需操作的项目再移动一点。复制并移动，复制并移动。重复以上步骤，直至动画完成！

• 将幻灯片设置为演示模式。用箭头键快速翻阅幻灯片，让动画栩栩如生！

技术集成专家杰克·米勒（Jake Miller）提出了让你的动画更加

令人印象深刻的建议，可通过资源拓展提供的线索自行查阅。

注释并分享阅读节选。在这个活动中，学生首先给正在阅读的某一书页拍一张照片，然后利用图片标注工具（例如跷跷板、谷歌幻灯片/绘图、图片拼贴软件拼贴趣PicCollage……甚至色拉布！）添加他们的想法和思考，还可以添加个性化表情符号、图标等。他们甚至可以亲手在照片上上画画，然后提交并与全班同学分享，或者通过班级网站、社交媒体等方式与全世界分享！

藏头诗。藏头诗能让学生的个性熠熠生辉！这个想法是得克萨斯州教育家小克劳迪奥·扎瓦拉（Jr. Claudio Zavala）提出的。学生可以从个人细节特征——他们的名字开始。然后以名字的每个字母为首字母拼写一个单词来描述自己，由此创作藏头诗。他们还可以自拍，并在照片中添加藏头诗。克劳迪奥建议使用免费的图片创建工具进行制作。

拼贴诗。拼贴诗是作家兼艺术家奥斯汀·克里昂（Austin Kleon）推广的诗体，这是我首次推介拼贴诗。该诗体的创作从报纸或杂志文章的某一页开始。你甚至可以直接从教科书里撕下来一页——如果你已经把书弃之不用了的话。在所学知识中寻找能传达

巧妙而创新意境的几个单词。用记号笔涂黑其他单词，只留下那条最精妙的词句。你可以用纸和记号笔来操作，也可以使用绘图软件、微软幻灯片或其他图片标注工具完成。

漫步数字画廊。学生以数字方式分享作业时，似乎凸显出一个特点：坐着。他们会坐很久很久。学生在分享、观看和评论时，通常都是坐着的。在全美范围内，肥胖和II型糖尿病发病率的上升有据可查，而且久坐对大脑危害无穷。我们如何迈出一小步，让学生走出座位，并鼓励他们与同龄观众分享呢？

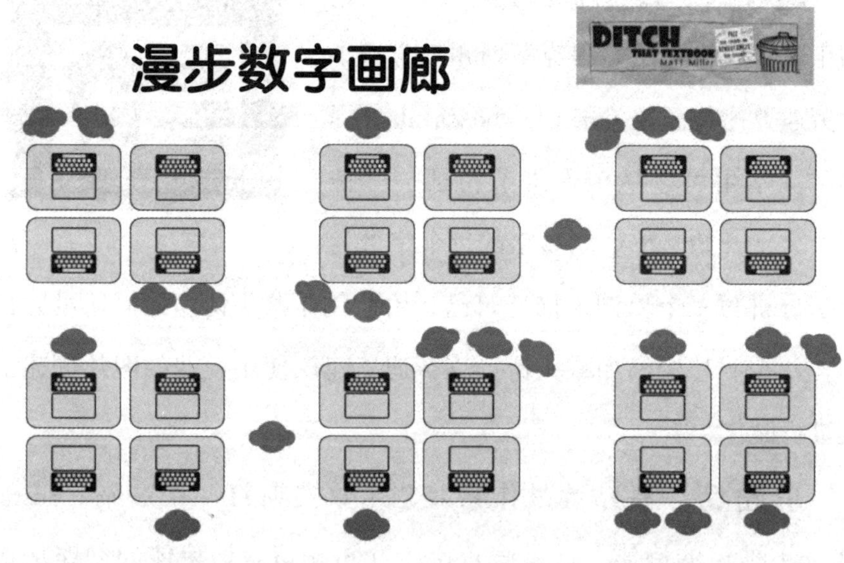

有了数字画廊之行，学生进行展示、分享和作业讨论与参观艺术博物馆并无二致。活动内容如下：

• 学生创作一个正在学习的手工艺品（如本章中的活动）。

• 每个人完成后在各自屏幕上展示作业。

• 学生站起来，将设备留在课桌上。

• 让他们在教室里走动，在同伴的书桌（和设备）前停下来检查作业。

• 学生还可以使用许多应用程序/网站（尤其是谷歌办公应用套件）中的评论按钮留下反馈意见，就如数字便笺那样。

让学生离开座位走动，面对面交谈（这似乎是正在消逝的艺术了！），是一种节奏的改变。漫步数字画廊是一种将数字化教学与面对面交流相结合的策略，资源拓展为你提供了更多观点。

找到视觉学习的吸引力

我们希望学习是难忘的、持久的，希望学生在课后的数天、数周甚至数年依然记得所学的知识。我们的大脑喜欢图片，学生喜欢看图片、制作图片，并乐在其中。当我们使用图片教学时，学生在学习的过程中看到了自己，他们的个性、兴趣……全都闪耀着光芒。

抓住良机，尝试开展这些活动，让学生创造视觉作品。甚至更好的是，为学生设计一个他们最喜爱的高度视觉化的活动，因为你最了解他们！你会帮助他们做引以为豪、记忆深远的事。

利用视觉化创造学习体验的要点

• 为了达到学习的目的，我们如何使用强大的图文混合模式来创建有趣的共享图片？

• 我们如何使用素描技巧（即使技巧极为稚拙）吸引学生的注意力，使课堂变得鲜活有趣？我们如何为学生运用这些技能赋能？

7

第7章

为学习的探索之旅开辟道路

在我多年的课堂教学中，有幸与一些优秀的学生一起探索学习。我认为，成为探索者正是海盗文化的核心要义！海盗在地图上标出航线，航行于惊涛骇浪之上。如果想改变航向，他们会调整船帆，朝着另一个方向前进，前进方向由他们自己决定。如果可以把学习类比航行，那么学生就是在学习航程中掌舵了。学习能成为难忘的经历，是因为学生掌控了学习的过程。

我把一些学生比作地理探险家——尤其是在他们和另一个班级结束视频通话后这么称呼他们。我主持过视频通话，曾和世界各地的班级和加入远程会议的嘉宾交流过，包括阿根廷、澳大利亚、加拿大、新加坡和西班牙的师生们。我的学生和欧洲学生结束视频通话后，我问他们："你们想看看他们学校和附近街区是什么样子的吗？"结果我得到了学生们热情而肯定的回答，这让我很惊讶，因为高中生通常不那么容易激动！学生们的问题各色各样：欧洲的轿车是什么样子的？他们的学校和我们的学校有何异同？只需使用谷歌地图的街景展示，我们就可以亲历欧洲那所学校的街道。他们的街道狭窄，汽车更小一些。街道上的树木与我们这里的不同。他们的学校场地也小一些，看起来更具热带风情。我们只是在教室的投影屏幕上看到他们的国家，但我们离开教室时却感觉像是刚刚从另一个世界旅行回来，因为我们确实去过——在很多方面都可以这么说！通过互联网，我们刚刚对来自欧洲的虚拟嘉宾有了更加深入的了解，也拥有了更加广阔的世界观。总而言之，与项目之初时相比，我们已经变成更好的、更具包容力的全球公民了。

另外一些学生，我称他们为信息探险家。这些学生在我的高级西班牙语课程中花些许时间选择其热衷之事。然后，他们开始了探险之旅，只要一有机会他们就观看与所选话题相关的西班牙语视频，收听西班牙语音频并阅读文章！当他们的探险告一段落时，他们就与全班甚至更多的听众分享自己的所学所知。有一位学生是吉他高手。他学到了一些与吉他相关的关键术语，并在YouTube上制作了西班牙语视频教程。还有一名学生想成为体育教练，于是他创建了一个网站，分享保持身材和避免运动伤害的建议和诀窍——也是用西班牙语！所有的项目都在网上发布，任何人都能看得到。许多师生都是在他们称之为“天才时刻”的时段里做这些项目。这些探险家按照自己的兴趣开辟了道路，他们创造了足以借此自豪并愿意分享的作品。最终我的学生用西班牙语学到了喜爱的知识，而这是他们自学难以获得的。起初我也有疑虑和担忧。有时，我担心我们会偏离预期的既定路线，但最终我们都到达了难以想象的目的地——这是一个让我们激动不已的结果！

三类
教育探索者

当学生探索学习时，神奇的事情发生了。首先，当他们决定好自己要学什么的时候，就朝着掌控自己的教育迈出了一大步。这种方式完胜“老师怎么说，你就怎么做”的模式。其次，学生选择感兴趣的主题、话题和过程，这就意味着我们教师不必猜测他们在想些什么！最后，对于他们来说这是一种更为持久的学习方式。马康特（Markant）等人在2014年的研究表明，自主学习可以显著地提高再认记忆。甚至当学生只是控制过程，比如按下按钮进入下一个项目，他们也会有收获。最重要的是，当学生在探索学习的时候，他们就可以扬帆航行到更远的地方！

充满技术的课堂能让学生成为三类探索者：

• 地理探索者使用丰富的在线地图工具体验其他世界，如同他们身临其境。他们会发现不同国度之间的细微差别，会更加了解背景、流行文化和有趣的细节！如果没有参加这样的数字探险之旅，他们是不会体会到的。

• 信息探索者制定新的学习内容路线。他们根据老师的意愿，在课堂上选择广泛或限定的话题，然后扬帆启航。他们不知道探险伊始会发现什么，但那只是冒险的一部分！

• 虚拟探索者使用虚拟和增强现实作为游戏平台。他们操作并仔细观察抽象概念（例如循环系统），使其变得更加具体。他们也是在真正地创造，为他们丰富而生动的3D生活带来崭新的理念！

地理探索者

我曾在印第安纳州一个人烟稀少的县城教学。那里的许多学生几乎没有离开过县城，更不用说离开州了。世界上有太多事物他们都没有经历过。如果一个人的世界观狭隘，他/她就会很难理解其他人的生活样态。有时，直到你踏上另一个世界的土地，你的世界观才能真正得到改变。我在墨西哥城的几次短期宣教之旅中，就体验到与我家乡迥异的世界之都的生活方式、文化、交通和贫困状况。

对我们大多数人而言，亲自为学生提供改变生活的体验是不切实际的。但是，如果有一种方法可以探索世界，就像我们双脚踏在世界各地的街道上一样呢？如果我们能走到任何地方去仔细观察呢？值得庆幸的是，当今的数字工具给我们提供了为数不少的方法去实现这种体验。这种体验不花一分钱，也无须开立一个银行账户，你只要在投影仪或数字设备上展示这些遥远的世界角落，供学生观看即可！

技术宝库

地理勘探

搜索并使用可以进行虚拟实地旅行的应用。虚拟实地旅行让学生通过数百个预先创建的虚拟现实课程环游世界。有些免费的应用可能没有这些旅行项目，不过如果你的学校购买了访问权限就可以随时使用，这是很棒的工具资源哦！

- **利用地图应用。**比如，谷歌步行地图将街道全景与多媒体、故事讲述和创意结合起来。你可以将几十次现成的徒步旅行与你的内容联系起来，进行难忘的、身临其境的学习。

- **利用能展示地球全景的应用。**比如，谷歌地球自称是“世界上最详细的地球”，主要采用空中鸟瞰的视角，也很好地融合了街景特色。

- **利用沉浸式旅游的VR应用。**比如，谷歌的旅途生成器可以让你建立世界各地的分站式游览，还能为每个地点添加细节，以便阅读和学习。

- **利用探索太空的应用。**比如，谷歌星空能让你探索太空、恒星、行星和星座，包括月球、火星和太阳系其他天体的近景。

数字探索本身就是调查研究的一种体验。只需稍作调整，数字探索就可以变得更加有趣和难忘！例如，更改房间的照明以匹配你学习的地点。在教室的窗户上放置灰色纸模拟西雅图的情况。拉上窗帘，关掉顶灯，用选择性照明来模拟太空任务！你也可以挪动家具，用不同的家具饰品改装教室。只需要几张高脚桌和凳子，一家法国小酒馆就会近在眼前！

如第3章所述，如果学生也参与其中，虚拟徒步旅行就可以成为一种体验！比如打扮成导游的样子，试试说话时带点口音，学生可以手持的物品和道具也包含进去。我对如何利用地图应用和录屏软件为学生打造虚拟徒步旅行还有更多的见解，详情请参阅资源拓展部分。

信息探索者

当我的学生们在“天才时刻”绘制自己的学习路线时，我只不过是做些辅助工作。只要学生在学习内容和学习方法上能做选择和决定，学校就不再会把学习强加在他们身上了，学习是学生自己的事情。为学生成为信息探索者赋能，这项工作可以是温和的，也可以是狂野的，一切尽在你的掌握之中。你愿意让学生回答下面的哪些问题？

- 你希望用哪种方式讨论：数字化形式或是与同伴讨论？
- 如果我们必须了解更多与本主题相关的信息，你觉得会是什么？
- 你如何展示所学知识？是在Flipgrid上录制视频，是用幻灯片制作一个定格动画，还是利用音频分享平台录制一系列播客节目？

- 你想要更深入地研究一般学科的哪些方面？
- 你将如何设计本课程？你希望课程能涵盖哪些内容？你打算怎么实施？

很多在线资源可以帮助学生追随他们的好奇心。儿童趣味教学网站Wonderopolis[①]（wonderopolis.org）向学生提供了一个好奇发问的平台，上面的问题涉及各种领域：为什么火烈鸟是粉色的？为什么冥王星不再被当成行星？怎样用树木造纸？过山车是如何工作的？该网站帮助学生通过视频、图片、解释、资源和挑战进行探索。TweenTribune网站（tweentribune.com）提供数以百计的新闻时事文章，每一篇都有蓝思阅读指数提示（lexile level），有的国家和地区也称之为“分级阅读”。该网站上所有的文章都来源于每日新闻，编者会根据阅读水平和词汇难易程度将文章重新编写成适合对应年龄段阅读的内容，它还提供自评测验和批判性思考的问题。我们利用这些文章作为本书提出的大量创作理念的基础——还有图片、视频、游戏，等等！

可能你的学校已经有一个很棒的资源提供者，来帮助学生发展成为信息探索者——他们就是学校的图书管理员！许多图书管理员受过图书馆管理学的训练，知道在哪里找到学生想要的资源。你可

① Wonderopolis被《时代杂志》评选为2011年50个最佳网站之一，这是一个能够满足孩子强烈好奇心、超强创造力的网站，有助于充分开发孩子的好奇心和想象力。——编者注

以考虑从图书馆，而不是搜索引擎开始。（或者从搜索引擎快速搜索开始，然后再向图书管理员查询，以深入了解。）

当然，并非所有的在线资源都是同等优质的。学生自由探索的关键部分是媒介素养，这样他们能确定哪些资源可靠，哪些不可靠。常识媒体（Common Sense Media）[①]拥有大量的媒介素养资源。

虚拟探索者

我们已经看到，探索新领域和新主题的体验令人感受深刻。那么探索虚拟世界，创造自己的虚拟世界呢？虚拟现实和增强现实正在课堂上找到一席之地。学生可以拥有难忘的、身临其境的经验——你甚至不需要任何昂贵的虚拟现实耳机！本书的这部分内容可能很快就过时了，因为增强现实（AR）和虚拟现实（VR）技术是最新技术，发展极为迅速。你可以在相关领域搜索AR教育与VR教育的话题，获取实践教师的讨论和想法。教室正在被这些激动人心的工具改头换面：

- **沉浸式魔方（MERGE Cube）**[②]：这是一款增强孩子兴趣和参与感的体验式AR/VR入门玩具，让学生在增强现实（AR）中掌握并操纵任何事物。具体的玩法：学生拿着一个沉浸式魔方——一个泡

① 常识媒体为家长推荐娱乐与技术知识，是具有影响力的媒体监管和网络安全组织。——译者注

② Merge Cube是面向儿童的启蒙产品，目前有两种使用方式：一种是手机/平板模式，一种是VR模式（需要戴VR眼镜），用户可以握持设备并选择一系列有趣的、带有教育性的内容，比如全息解剖课堂，或者适合亲子娱乐的全息内容，比如虚拟宠物小游戏。——编者注

沫橡胶材质的立方体，用合并应用程序（MERGE）通过设备的摄像头观察。在屏幕上，应用程序将立方体的图像转换成与程序相匹配的全息三维影像——一个球体、一条鲨鱼、一只解剖过的青蛙、一个三棱镜——可以转换成任何事物，创意无极限！通过旋转魔方，学生可以探索物体并更详细地观察。MERGE还提供对标K–8的课程，包含免费和付费计划。

• **移动端AR/VR教育应用3DBear**：它将学生从虚拟现实/增强现实的消费者转变为创造者。学生可以在虚拟环境中放置物体，并用虚拟现实讲述故事。他们可以挖掘创造力及培养批判性思维、社交/情感学习和其他更高层次的技能。

• **谷歌探险（Google Expeditions）**：它以数百个浸入式虚拟现实的实地考察而闻名。它还包括可在课堂上使用的几十个增强现实项目，比如龙卷风或嗡嗡叫的蜂巢。尽管探险经常与虚拟现实观看套件一起使用，但其许多功能都可以在移动设备上免费使用，甚至苹果平板电脑、Chrome平板电脑和谷歌触屏笔记本上都可以使用。

找到探索的吸引力

当你通过探索帮助学生学习时，他们将学会追随自己的热情，抓住未来。探索会改变人生，它让学生们充满好奇心，敢于想象和发问。既然如此，那么我们必须做些什么来满足他们的好奇心！这个世界充满了问题，需要更宏大的思考，甚至更为宏观的解决方案。

重要的是，我们要让学生有机会探索大千世界，找到自己的位置，并梦想做出改变。可以从你的课堂开始建构框架和过程。把学习交给学生，你将教会他们塑造未来！

利用探索创造学习体验的要点

- 我们如何让学生选择学习内容，来反映他们独特的个性和才能？
- 我们用数字方式把学生引向何方，让他们探本溯源的好奇心激发出更多的学习机会？

8

第 8 章

与全世界的新朋友一起学习

克丽丝塔·哈姆斯沃斯（Krista Harmsworth）和儿时的朋友苏·安妮·普拉扎克（Sue Anne Prazak）同有一个美丽的梦想。当她们还是小女孩的时候，就梦想着长大后生儿育女，相互陪伴。她们住在家乡亚利桑那州的同一条街上，在同一所学校读书。两个人都梦想成为教师，而且她们要一起实现这个梦想。

然而她们长大成人后，计划改变了。克丽丝塔搬到了密歇根州底特律的郊区，苏·安妮则留在了家乡亚利桑那州，不过她们确实都当了教师。她们不是实实在在的邻居，却是虚拟教室的邻居。克丽丝塔和苏·安妮所教的学生都在上五年级，于是她们决定，即使学生们彼此相隔两千英里，他们仍然可以相互学习。

克丽丝塔和苏·安妮用谷歌环聊（Google Hangouts）连线视频通话。亚利桑那州的孩子们看到通话另一头课堂里的学生第一眼，就为密歇根的孩子们穿着的厚重毛衣惊叹连连。密歇根州的孩子们也注意到了亚利桑那州的同龄人穿着的背心。密歇根州的学生与从未见过雪的亚利桑那州的孩子们分享当年的第一场飘雪时，整个过程就更加不同寻常了。两个班的学生通过谷歌幻灯片演示分享了照片和喜爱的美食，仿佛是另一种形式的年鉴。这就是美妙的体验！

两个班的学生一同阅读琴娜·杜普洛（Jeanne DuPrau）的《微光城市》（*The City of Ember*）时，克丽丝塔和苏·安妮实现了她们另一个版本的童年梦想。她们通过谷歌环聊的虚拟沟通方式在同一个房间里教学。视频通话期间，她们轮流向两个班级大声朗读，她们使用通用语言讨论修辞用语和指示词，仿佛她们是同一栋楼里的阅读和语言艺术学科的团队。她们在Edmodo[①]开创了一个在线课堂，学生可以随时在线上讨论阅读心得，在一周的晚些时候，小型虚拟讨论组会在课堂视频通话中分享他们的发现。

“在密歇根州，与远方连线的整个想法在此之前几乎从未触及，”克丽丝塔说，“这可以说是件大事。”

不过克丽丝塔和苏·安妮继续把这个想法提升到了新的高度。

克丽丝塔乘飞机回到家乡亚利桑那州过圣诞节，直到新学期的第一天，她都一直待在那里。那天，克丽丝塔走进苏·安妮的教室，假装她是代班老师。然后她在黑板上写下自己的名字：***哈姆斯沃斯***

① Edmodo是网龙旗下的全球在线学习社区，2020年被埃及政府确立为国家K12教育指定线上学习平台，此后，Edmodo又与加纳、泰国、马来西亚等国家达成合作，通过定制化的“国家级模式”，因地制宜地满足各国对教育科技的需求。（摘自《人民日报》）——编者注

夫人。亚利桑那州的孩子们愣了一会儿，最后恍然大悟。“嘿，您是哈姆斯沃斯夫人！等等……您是从密歇根来的。究竟这是怎么回事啊？”

在密歇根州克丽丝塔的课堂上，她的代课老师也如此行动附和她。“哈姆斯沃斯夫人不想耽误课程计划，”代班老师告诉学生们，“这就是说我们不能错过与亚利桑那州的视频通话。”通话开始了，轮到克丽丝塔在密歇根州的学生惊喜连连了。克丽丝塔突然出现在屏幕上——在亚利桑那州！这让她的学生们大吃了一惊。

克丽丝塔说，从头至尾整个课堂的互动体验都令人难忘，让人难以置信。她说：“这是十多岁的孩子们极度渴望的：了解世界之大，有百川星际。他们对外面的世界知之甚少，正在开始了解这个世界。无论在密歇根州还是亚利桑那州，十多岁的孩子们都一样。更大的世界正等待他们来探索——不仅仅是我们的学校和社区。(要让孩子们知道)是来自世界各地的人们共同让这个世界运转不息。”

对于那些学生们来说，这是值得纪念的一年。密歇根州的学生会记得网上见到的亚利桑那州的孩子吗？亚利桑那州的学生会记得密歇根州的老师竟然真实地出现在他们的课堂上吗？我认为答案是肯定的，他们一定会记得！

这种课堂之间的联系令人非常难忘，因为它在情感上拨动了孩子们的心弦。强烈的情感反应会将记忆中的学习经历铭刻至多年以后。

2018年，桑贾利·辛哈·杜塔（Sanchari Sinha Dutta）博士在新闻医学网站（the News Medical website）上写道：“情绪学习对记忆的形成和长期巩固有着强大的影响……巩固被认为是一个缓慢的过程，在此过程中，记忆还没有被永久储存。这可能允许一个与事件相关的情绪反应影响事件的储存，并增加被记住的可能性。”

创造值得记忆的体验，就是会**黏性学习**。黏性学习有效，不仅是因为技术的原因。学生并非是对谷歌环聊激动异常，该程序可不仅仅是个应用程序，它更是人际联结的纽带。充分利用它，会帮助学生向激励他们的人学习，这种学习的影响可能会持续一生。

视频通话、社交媒体等类似软件都是如今的主流应用。用诸如视频通话软件FaceTime给朋友打电话，在脸书上评论和在色拉布上传图片都是寻常之事。但把这些互动带到课堂，在以安全和教育为中心的平台上学习，却会让你显得是个门外汉了。

教师会通过视频通话和数字沟通工具来创造这些学习体验吗？通常，这并不是个要不要使用的问题，而是使用意图的问题。我们必须试一试，因为它极有希望，有可能带来精彩而毕生难忘的课程。

这也是有关迭代的问题。尝试新事物，巩固既得成果，从初始不顺利的事情中吸取教训并重新设定。但这也是一个灵感的问题，在某种程度上找到一个方法可以激发学生热情的火花。

技术宝库

低成本工具的数字化合作

你可能需要一些工具，至少你需要一台笔记本电脑，谷歌笔记本（Chromebook）、苹果平板电脑（iPad），或者其他可以上网的工具。你可以向全班显示通话过程。如果你的学生有可供使用的设备（例如实验室、一些设备、设备与学生一对一的环境），你就有办法把学习体验推向更高的水平。

安排一个视频通话。Skype、FaceTime和谷歌视频会议Google Hangouts Meet等平台

可以让你的学生与世界各地的人们体验面对面的交流。例如和另一个班级联系，虚拟拜访一个地点，听取特邀演讲嘉宾的讲座。活动可以包括与演讲嘉宾交谈，与伙伴课堂展开合作，或进行虚拟实地旅行。

利用创建工具。办公应用套件中的许多元素（文档、幻灯片、表格、绘图、网站等）提供了实时协作的选项。使用“共享”按钮，创建一个有“任何人可以编辑”选项的可共享链接。学生们可以一起进行文档写作或设计幻灯片。许多其他网络工具也允许在线协作。试着寻找像“协作者”（Collaborators）和“编辑”（edit）这样的术语作为该功能已有的线索，然后测试一下它是如何操作的。活动包括在共享文档中提出/回答问题，创建幻灯片版面来展示你的理解，或进行任何本书前几章提到的活动。

寻找一个合适的在线中心。在线平台感觉像是课堂上的社交媒体，却是专门为学术合作而创建的。像跷跷板、Edmodo、谷歌教室和Canvas这样的平台，每一个平台都提供了共享、讨论和工作的集中区域。此类活动包括快速投票、参与问答或讨论，或张贴学生的作品并对此发表评论。

让课堂联结起来

创造合作体验的一个重要组成部分就是找到合适的合作伙伴。你创造的学习体验是否成功，在很大程度上将取决于你为学生安排的合作人选。你将会联系谁？你又怎么找到这些人呢？通常，想要尝试合作的教师会因为找拟邀线上嘉宾的问题而气馁。不过这比你想象得要简单。以下这些想法供你参考：

- **找到合适的人直接询问。**只需在搜索引擎中输入关键词查询就能带你找到任何人，够惊叹吧。我在《扔掉家庭作业》(*Ditch That Homework*)一书中写到我的朋友托德·希弗（Todd Shriver）的故事。他教"20世纪80年代历史"的社会研究课。他只是询问了一下，就为他的班级安排了超级棒的线上嘉宾，比如热播情景喜剧《考斯比一家》(*The Cosby Show*)的主演马尔科姆-贾马尔·华纳（Malcolm-Jamal Warner）和美国奥运会曲棍球传奇人物迈克·埃鲁齐奥内（Mike Eruzione）。

- **向同事、家人和朋友征求意见。**你要联系的人可能是你认识的人所认识的人，这可能会让你惊讶。在学校走廊或社交媒体上问一个简单的问题，你就可以拥有丰富的人选。

- **在搜索教育社区里进行询问。**以微软教育社区（Microsoft Educator Community）为例，该数据库拥有数百名线上客人，几十个虚拟实地旅行，以及数千名教师和班级。你可询问教育社区，找到合适的人选。

• **通过其他平台访问数据库。**很多组织和公司会帮助你建立联系。视频通信工具Flipgrid已经建立了“GridPals”，这是一个类似视频笔友的服务。Empatico平台的任务是连接世界各地的教室，Nepris这个产学合作服务平台能把教育和行业联系起来。

• **利用社交媒体。**如果你知道去哪里寻找合作伙伴，你可以利用社交媒体，那里有丰富的资源。堪萨斯州教育家、Skype高级教师戴安·斯莫克罗维斯基（Dyane Smokorowski）提出了这个建议。在谷歌搜索“twitter.com ornithologist”，但是把“ornithologist”（鸟类学家）替换成你想联系的人的描述词，把“twitter”替换成你想搜索的社交媒体平台。如果你在社交媒体平台上找到积极活跃的人，他们很有可能会响应与你班级合作的请求。

让合作成为体验

与全国各地或全球各地的人们建立个人联系，从本质上来讲就是一种难忘的经历和体验。但是，我们怎样才能激发让学生发出“哇哦”的惊喜元素，点燃课堂的学习火焰，让学生们开口交谈呢？你可以试着在视频通话或合作中加入这些元素：

• **设置一个体现设计思维的活动。**后文我会用“联邦快递日”

这个活动为例进行详细解释。布置一个需要学生解决的问题，这是将学习应用于许多情境的绝佳方式，它也可以是展示学习并迁移到现实生活中的好方式。设计思维的过程是一个非常有用的框架，把要求学生践行想法的模型作为问题解决过程的一部分。在《教学需要打破常规》一书中，伯格斯提到从“工艺品商店的吸引力”中汲取工艺品制作的灵感，例如准备管道清洁剂、卫生卷纸、吸管、热熔胶、纸板——大量纸板等工具，让学生在一天内交付解决问题的初始方案。在商界这种活动被称为“联邦快递日”，因为联邦快递的包裹递送为当日达！学生们通过视频电话向一个伙伴班级展示他们的创意作品，或者像在发明真人秀节目《创智赢家》（*Shark Tank*）中那样，说服应邀而来的、性格强势的商业领袖或专家来为学生们的产品进行投资并提供反馈！

• **把所有像Skype视频通话的平台都当成舞台。**戏剧元素不仅只适合课堂上的滑稽小品，在视频通话中向搭档展示一个想法、一个故事或任何东西时，不妨表演出来！你可以改变灯光布置；把某个同学打扮一下，演一个角色；用纸板、教室里现有的家具和布告纸板制作道具或布景，道具和木偶可以让人耳目一新。创建和循环扮演角色也很有趣。当角色再次出现时，学生会认出来！

• **开展音乐合作。**使用Soundtrap①、音频编辑软件TwistedWave、多音轨的音频处理软件Audacity等数字音乐创作工具，与来自其他州，甚或其他国家的学生一起创作音乐、制作唱片，还可以混音制作成品。用节拍器或其他方法保证演奏/唱歌/表演的时间合拍；或者录制音频片段，并剪切/粘贴在一起。想想这个成果吧：这可是由世界各地的人们共同录制的杰作！

• **开展神秘Skype（Mystery Skype）活动。**这个活动已经发布一段时间了，是一个全球性的猜谜游戏，它创造的体验从不会让你失望！在该游戏中，各班通过视频通话参加游戏，互相推测对方所处的位置。通常，学生会问对方是/否的问题，从而慢慢地缩小地理位置，直到最后猜出答案。如果你不喜欢猜地理位置，还有其他游戏：神秘动物Skype（Mystery Animal Skype）、神秘数字Skype（Mystery Number Skype）、神秘乐器Skype（Mystery Instrument Skype），等等。你总是可以自己创造一个不一样的替代游戏！

• **密室逃脱活动。**这个活动的目标是寻找线索，分析线索，最后找到逃出房间的路径。密室逃脱教育版（Breakout EDU）平台是密室逃脱在教育领域的趣玩版，该游戏不使用密闭的房间，而是使

① 是由瑞典开发的一款数字音乐制作的产品，其中的Soundtrap for Education系列专为教学赋能，操作十分简便，即使是儿童也可以独立创作音乐，而且还有录制播客来分享主题知识、视频聊天等功能，可以有效放大学习效果。——编者注

用“逃脱盒子”（breakout boxes）。一个班和另一个班的同学视频通话，在每个房间里（通过购买、建造或制作的方式）准备一个逃脱盒子。每个班拥有的线索相同（可以把目前正在学习的内容联系起来），然后开始比赛，看看谁能最先逃脱！

• **加入流行文化的元素。**你的伙伴班级所在的地方流行什么呢？你所在的地方又流行什么呢？美国学生对流行文化的痴迷可以风靡全美：哈莱姆摇摆舞、用来舒缓压力的指尖陀螺、牙线舞、电子游戏、时尚、美食。当学生分享彼此的热情或最新流行趋势时，这将是一次有趣的增强凝聚力的体验，也是对另一种文化的洞察！

• **远程Kahoot！**你的学生可能玩过Kahoot！这是一款游戏竞赛风格的检测游戏。不过你和另一个州或国家的学生一起玩过这个游戏吗？和另一个班进行视频通话，开始一场“Kahoot！之旅”。将问题在屏幕上投影给学生，并通过视频通话与另一个班级分享该屏幕。两个班就可以同时玩游戏了！该步骤也适用于其他游戏。

如何设置远程评估游戏，以Kahoot!/Quizizz 游戏为例

选择创建评估游戏。

与另一个班开启群组视频通话。

两个班的学生登录到各自设备上后，加入游戏页面。

将问题投屏，或继续给你的学生观看，并与其他班级分享屏幕。

正常运行游戏——但是两个班级一起玩，而不是一个班玩！

• **新结局，新朋友。**你学习了一个故事、一个历史事件，或者一则时事新闻，你的学生已经知道了详细内容。现在来想象一下：若故事的结局与现在不同会发生什么？生活会发生怎样的变化？世界又会有什么不同？你们班和伙伴班的学生可以合作，共同创作这些“选择你自己的探险故事”。他们可以在幻灯片中创建、共享文件，并设置“获得链接的任何人可编辑”的访问权限。有关此活动的操作说明，可参考资源拓展“用演示文档创建‘一个故事，不同结局’的活动”，当学生们为他们所学的故事/事件创造新的结局时，他们会学到很多有用的东西。它可以让学生发挥他们的创造力，并展示出他们对所读内容的深刻理解。

找到人类沟通的吸引力

沟通的力量非常强大。沟通帮助我们做到更多，获得更多。

对我而言，在社交媒体上（特别是Twitter）与他人交流改变了我的教学生涯。事实上，沟通拯救了我的教学职业。是这些人们、他们的想法和鼓励把我从扼杀事业的、刻板乏味的泥潭中拉出来。社交媒体和我在那里找到的一切重新激发了我对教育的使命感。

对于克丽丝塔·哈姆斯沃斯和苏·安妮·普拉扎克而言，这是召唤她们在教学和合作方面施展个人才能。她们介绍彼此的学生相互了解，互相学习，由此创造了一种体验——这种体验可能无法用其他方法复制。

在此我有个明智的建议——也许正如古老的非洲谚语所说："若想走得快，独行最好。若想走得远，与众人行。"

众志成城，彼此成就，这句话放在当今的时代更加言之凿凿。我们在一起就能创造更辉煌的成就。让我们头脑风暴，产生新想法，彼此支持和鼓励吧。当我们在这个世界上共同努力，有所作为，推动变革时，世界也会变得更加美好。在《教学需要打破常规》一书中，戴夫·伯格斯称之为"改变人生的一课"。

如果我们在课堂上合作的理念仅仅停留在"思考、结伴、分享"上，那么我们就错过了一个非凡的教与学的机会。努力把广袤的世界缩小，有所作为，去改变一个人的生活。可能这会改变学生的生活，也可能改变我们自己的。

利用人际关系创造学习体验的要点

• 我们如何与另一个班结对，以便每个班级都能向对方学习，使我们的潜力也得以发挥？我们可以用视频通话，协作完成数字文件，一起制订计划吗？

• 我们可以让谁以数字化方式走进课堂，以此来丰富师生对话的内容，并为我们所学的内容提供独特的视角？

• 我们能以虚拟的方式抵达何处，以便帮助学生更好地理解一个主题和整个世界？

第 9 章

消除疑虑，扫清障碍

准备好了吗，像“海盗”一样运用技术教学？我有个消息要告诉你，把这则消息当作警告吧。

要做到用技术改变教学这件事，并非易事。

你的前方会有很多路障阻挡你前行，技术会让你心灰意冷，你可能会面临血淋淋的教训，人们可能不理解你努力完成的事，而最顽固的怀疑者可能是你自己。

这些我都感同身受，你并不是一个人。但我常常会想起戴夫·伯格斯的这句话：“这件事不容易，但是值得一试。”

我们可能也知道这件事情非常值得去做，但是当它变得越来越棘手时，我们需要一点鼓励，需要一些慰藉证明我们走在正确的道路上，保证我们的这场战斗值得一战。

本章，我将为你写下鼓励信。你可以把信收藏起来，在适当的时候拿出来阅读，或者直接勇敢地读下去。你正沿着正确的方向前进，会得偿所愿的。让我先解释一下我的意思吧。

请开启“疑惑之信”

关于这一点，我完全理解你。如果能让你感觉好受点儿，你要知道我也有疑虑，我仍然会不知所措。有时候，怀疑使我失去力量，我就稍作停顿。事实上，每个人都会有这种感觉吧，你并不孤单，你的这种经历也并非不同寻常。

让我为你抽丝剥茧，厘清头绪。首先，我们聊聊疑惑这种心态吧。我在班里开始试验新的想法时，没人许可我的做法。而事实上，你不需要从别人那里获得许可才能得到出色的教学效果。不同意吗？好，让我们试试这么做：我，马特·米勒，本书的作者，在此特许你可以尝试那些你坚信对你教学十分有益的创意。这是你需要的吗？若是，你已得到许可。

一旦启动新的创意，你会开始充分感受我曾有过的感受：即冒充者综合征。你会有一种感觉：你觉得自己是个骗子，每个人都会发现并为此揭发你。我每日教书时总有这种感觉。现在我与其他教师共事，共同为谋生而写作和创作，感觉这种冒充者综合征更严重了。

事实是，你的学生需要你。学生们无声地恳求你将教学发挥到极致，做到最佳。他们不介意你在走廊里、学校里，甚至在你所在的地区里不那么一样。你还是你。竭尽全力放手一搏吧，即使结果不如所愿，也有明天再次尝试的机会……而且，我肯定你的学生比你想象的更加宽容。

请开启“不知所措之信”

我曾听到一个关于“不知所措”感觉的绝佳解释。我认为这个

解释会为你赋能，释放你自己。感觉不知所措不是选择太多的问题，而是不知从哪里开始的问题。就像老话说的：千里之行，始于足下。

你是对的。确实有太多的想法和观点，太多的选择和可能性，太多的数字工具和策略摆在你面前，每天都有更多的选择，不过这并不意味着你必须每个都选择，也并没有要求你面面俱到地理解。我就没有，我们无须知晓一切。你真正需要的是让你和学生出色地完成教学任务。

不知所措的问题在于不知道从何入手。那么，我们从哪里开始呢？这里我有一些建议：

1. 从小事着手。找到一节适合创新的课，只要课程的一个环节就好，也许是“没有什么比这更糟”的那个环节。你有这种教学环节可以选择吗？（我们不妨坦诚一些——每个人都有这样的吧！）如果有一节课（或一个环节）让你开始思考可以这么做，那么这就是你做出明智选择的时候了。

2. 从影响力开始。什么领域对你的学生可能产生最大的影响力？从那里开始。不要担心出错，也许能对学生产生巨大影响力的选择有很多，选择那些你愿意首先看到有所改善的领域。

3. 从让你兴奋的积极动力开始。什么会让你激动兴奋？我和妻子有个打扫房间的规矩：不要和动力过不去。如果我们有动力打扫卫生，即使是在深夜、清晨或其他不方便的时候，我们仍然顺心而为，积极地去打扫卫生。不要和积极干劲过不去，它会维持你的创意。

如果你从小事着手，从影响力开始，从让你兴奋的积极动力开始，你就能战胜这种不知所措的感觉。相信自己，你能做到。

请开启“创造力之信”

有很多教师，以及各行各业的人们，与你的感受一样。不过，每当你说自己没有创造力时，你就是在为自己贴上一个标签——“我没创意”。随着时间的推移，我肯定这个标签就会把你定型，由此再做出改变就会成为艰巨的任务。

无需“创造力”这个标签，你也能做出创新之事。我把创意比作一块肌肉，这是任何人在某个时间都会使用到的。你越锻炼肌肉，它就越强壮。

我们来这么想：我来自印第安纳州，那里篮球极为盛行。全美篮球协会（NBA）中一些最优秀的得分手在看似最不可能的时候，还能以新颖的球技投球得分，充分展示了他们的创造力。他们运球绕过防守队员，多次投球射篮，然后扭动身体将球抛出。我们观众会想，像他们那样我永远也做不到！他们是怎样培养创造力的？他们用训练来提高控球技巧，他们参加现场比赛，观察别人，学习他们的动作，并为己所用，变成自己的才能。然后，在一场比赛中他们看到了一个以前无法抓住的运球机会，因为现在他们已经拥有了创造性的视野。

从微小的创意开始。在你的课上加入一些流行文化元素。从你感觉最舒服的地方开始。如果你对美术比较自信，就从在白板上多画一些插图开始。从令人兴奋的东西开始。如果你的学生谈论最喜欢的YouTube主播，你就在课堂上把这些新视频纳入教学内容。然后，像一个技术娴熟的篮球运动员一样，在你奔向篮筐的路上进行调整。当你致力于逐步发展自己的技能时，你会为自己创造潜力的飞速发展而惊叹不已。

请开启“技术性之信”

让我告诉你一个小秘密吧——一个觉得自己懂点技术的人的秘密。我并不是所谓的技术巨星，我只不过是把大部分的职业生涯都奉献给了帮助教师在课堂上使用技术而已！我也没有处于技术的最前沿，我无法跟上所有新的应用程序、数字工具和最新功能的脚步。

事实上，你也没有必要追新。你的学生不需要教师永远跟上潮流，你的学校也没这么要求你。好了，你现在看到这一段，可以长舒一口气了。

如果你已经有了一定的教学经验，你可能有一些行之有效的方法——教授阅读的方法，记忆词汇的技巧，成功运用某个应用程序的方法。（即使这些经验的效果不如你料想的那么好，它也是奏效的。）这就是你的底线，也是你的起点。现在让我们找到更好的方法，能够让你像“**海盗**”一样运用技术，从而用技术改变教学：

- **头脑风暴。**用这种方式思考，你想让学生获得怎样的成就，你手头有什么数字工具可以使用。

- **用批判的眼光。**当你对技术如何支持教与学有些想法时，扪心自问：技术是否在某种程度上能够使课程变得更精彩？有时你得试试才知道。

- **反思。**当你第一次尝试新事物时，可能不会像你料想的那样顺利，甚至有可能会一败涂地。失败后尽量不要进行这样的默认反应模式——我再也不做了，而是要试着弄清楚没有成功的原因，然后找到新方法再试一次。

- **观察。**留意新的想法，然后尝试去做。社交媒体平台是我个人创意的输送渠道，比如我喜欢在Twitter上随时关注教育工作者们在课堂上使用技术的创新方法。我还在Twitter上查看有哪些新功能和新数字工具可用。

如果你因为不了解所有的技术工具和技巧而感到力不从心，不要担心，没有人是全知全能的。你需要做什么就去找来做。

请开启“动力之信”

这种情绪过程我自己也经历过很多次。事实上，在撰写本书的过程中，我也有好几次失去了写作动力，不知道自己是否能写完。我在教室里，坐在书桌旁思考，***我不知道下一步该做什么，甚至不想继续推进了。***

乔恩·阿卡夫（Jon Acuff）的著作《要搞定，不要完美》（*Finish*）讲述了有效完成既定目标的方法，书中给出了动机缺乏、萎靡不振的解药。这一切都与“完美之后的一天”有关。当你想完成某件事时，默认的思维方式是，最重要的一天是第一天。有人会告诉你：“千里之行，始于足下。”“第一步是你最大的障碍。”错。据阿卡夫所言，走出第一步比面对“完美之后的一天”容易得多。你遇到障碍后，“完美之后的一天”到来了，没有错误的完美一天寿终正寝了。阿卡夫说，这是最危险的时刻。这时若你失去动力，整个事情就仿佛被按下休止符。这会扼杀你精心准备的计划。

你说你已经失去了动力？把“完美之后的一天”想象成今天——即使“完美之后的一天”是几周、几个月甚至几年前发生的。从今天重新开始新的一轮连胜，认可你所处的情境。跟我一起说：“我在路上遇到了障碍，但是我正在创建的东西太过重要。现在我要开始新一轮的连胜。”

你能的，并且你也会这么做，你能做到。

请开启“抗拒之信”

也许你想要努力改变的事情比你意识到的更重要。也许，只是也许，如果你真的在努力想做什么，你就会找到激励你继续做下去的动力。

你在课堂上尝试新的想法不仅仅是在改变你的教学，也是在改变课堂文化。你可能没有意识到，但这种改变是以一种微小而持续的方式推动整个学校的文化发展。我知道，这很宏大，但是别让宏大吓倒你，拥抱它吧。我还是再解释一下。

学生们已经对学校的教学方式感到舒适自在了。你可能听过“学校游戏”这种比喻，孩子们学习如何玩转游戏（评分、纪律、师生关系），如何在这些方面取胜（获得分数、遵守规则、服从顺应）。当你开始改变规则时，游戏中的玩家会感到不安。他们必须要想出新的策略，学习如何玩新版本的游戏。当你脱离传统的并不为学生服务的教学方式而尝试新事物时，这种情况就会发生。这么说来，你就是在改变课堂文化。你会和学生一起感受到这种改变，甚至可能在其他地方也感觉得到。也许你会听到其他老师在议论你；也许你——或者校长会接到家长的电话。这些都是你推动整个学校文化的效果。不管你是否打算这么做，你就是在这么做。

校园文化变革不是一夜之间发生的，但是坚持不懈就会有回报。这就像试着搬动巨石一样，追求你的新想法就像坚持不懈地推动巨石。你一推再推，但那块巨石就是纹丝不动。推了一段时间后，你开始怀疑巨石会不会真的动弹。你想，我是不是一个永远学不会，永远在推巨石的疯子和傻子？

突然，巨石动弹了，它稍微向前挪动了一点儿。你不断施力，巨石从挪动变成了滚动。最终，巨石将一直向前不断滚动，你坚持不懈地努力，让它保持前进的速度越来越快。

很多时候，我们会在巨石挪动之前停止推动，你永远不会知道巨石是否能立刻被挪动。但是，如果改变是值得的，也许你应该继续努力推动巨石。请注意我是说也许。有些巨石要比其他石头费力得多。某些地方的文化需要漫长的时间才能改变。在这种情况下，你需要做个决定：是坚持不懈地推动同一块巨石，还是找块新的巨石来推呢？

这些信件为你而写，我希望你对自己和正在做的重要事务感觉好一些。来，跟我重复说：

- 我与学生之间的教学工作很重要。
- 为了他们我想尽力而为。
- 为了他们我想处于最佳状态。
- 当我发现不适合他们的教学内容时，我会勇敢做出改变。
- 我是高素质的专业人员，致力于为我的学生服务。
- 我为未来做好准备，不能总是依赖过去。
- 我意识到一开始可能并不容易，可能会一波三折。
- 我愿意勇敢接受这种可能性。
- 我会用玛雅·安吉罗（Maya Angelou）的名言这样指导自己：“我按照当时了解的状况做事。现在，我了解得更多，所以我会做得更好。”

你能做到！

后　记

坚守特立独行的教师信条

在第1章中，我谈到了电影《壮志凌云》中勇敢的战斗机飞行员“独行侠”。独行侠冒着风险，打破传统，但他这么做的原因是存在潜在回报，且回报令人无法忽视。从现在开始，让我们努力成为特立独行的教师：

1. 特立独行的教师能够发现无效的活动课程和教学实践。
2. 特立独行的教师努力寻找更好的教学方法——即使他们还不知道前景如何。
3. 特立独行的教师以不评判好坏、不带有偏见的方式集思广益想出新的方法（因为更多的想法会产生更棒的想法）。
4. 特立独行的教师依据当时最有智慧的方式制订出最佳的教学方案。
5. 特立独行的教师勇于尝试，创造对学生生活产生积极影响的学习体验。
6. 特立独行的教师诚实、批判性地评价自己的努力程度，以找到改进的方法，并采取行动。
7. 特立独行的教师不沉湎于失败，不断寻找让下一次做得更好的方法。

你相信特立独行的教师的信条吗？你想要承诺成为特立独行的教师吗？你可以创建自己的证书，签名并挂在你上课时目之所及的地方。当我们发动一个特立独行的教师群体时，世界各地的课堂都将变得更加强大和难忘！

请记住，你也不必独自完成。如果你在学校或附近有志同道合、同样特立独行的同事，那么你很幸运。你可以建立自己的创意教学合作，成为一个改革先遣队，你可能会对由此产生的效果惊讶不已。这些合作方式已经在线存在了。如果本书中的想法引起你的共鸣，我建议你搜索以下两个话题：

- **搜索#ditchbook。**通过该话题标签，教师们就如何抛弃教科书和传统教材进行合作，该理念基于我的第一本书《丢弃那本教科书》中的思想。我们使用这个标签的人将谈论如何以有意义的方式使用技术，以及如何在我们生活的科技世界中教学。

- **搜索#tlap**，代表《教学需要打破常规》（*Teach Like a PIRATE*）。一切都是为了创造学习体验，而不只是上一节课。[如果我们用技术创造体验，#tlap也可以代表本书的书名《技术如何改变教学》（*Tech Like a PIRATE*）！] 你会看到老师们分享的让课堂值得纪念的做法，用标签参与吧。

你还可以在社交媒体上搜索并找到其他教育工作者，你会发现其他标签。许多类似标签代表着强大的教育工作者社区。教师们在社区分享观点，讨论教学策略，梦想着打造更加美好的教育世界；

他们相互鼓励和挑战，彼此提升和支持。依靠其他教育工作者提供的观点，获得他们的鼓励并不是向他们展示弱点。对我而言，这是我成长和作为教育工作者学习的重要组成部分。

社交媒体和我们在其中互动的人群为我们提供想法，带来思想的火花，但是仅此而已，我们并不会因此走得很远。那么，是时候做些什么了，我曾在自己身上，也在其他教育工作者身上注意到一种现象。我们经常把很多教育话题和想法当作娱乐行为，比如常见的博客帖子、社交媒体、播客、书籍，而不是行动的号召。我们阅读、阅读、阅读，发推文、发推文、发推文，然后就此止步。要避免这个陷阱！阅读和聆听须与你需要做出的改变相匹配，然后，再走出去做点什么！如果我们不付诸实践，奇妙的想法就无法改变学生的生活。

不要只是上一堂课。要创建一种体验！我希望你已经在本书的各章节中看到足够多的研究和故事了，知道创建体验的想法并非一无是处。通过感官把学习转化为精神上、情感上的体验可以创造持久的记忆。它可以帮助学生与学习内容建立一种长久的联系，这将伴随他们一生，它还可以激发激情的火花！在第4章中，我提到了游戏专家简·麦戈尼格尔。我是当她在一次会议上做主题演讲时认识她的。她为我在她的著作《游戏改变人生》上签名留念，扉页上写道："有目的地玩！"随着时间的推移，我越来越了解到目标的重要性。游戏是一种力量，它实际上可以帮助我们实现目标——一路微笑着实现！

几个世纪前，希腊历史学家普鲁塔克（Plutarch）写道，**教育不是注满一桶水，而是点燃一把火。**我认为这句话是对本书内容的完美描述。有了火种，你只需点燃火种。火花燃烧时可能你要花点功夫照料它，而一旦第一个火花被点燃，它就会自己熊熊燃烧起来；一旦燃烧起来，星火可燎原——这是水到渠成的过程。不管我们做什么，它都势不可当地燃烧。我们给学生传授知识，只能送他们短短一程，而帮助他们点燃激情的熊熊烈火时，就是改变未来的时刻，也是影响生命的时刻。

“海盗”和技术。谁能猜得到？找到它们的吸引力，加以利用，在七洋交战之海航行。随身携带藏宝图，用指南针确保你的航向正确。这是你的学生与你的航行，你们都会爱上它的！

上图为简的书《游戏改变人生》的扉页。
其中简在书中扉页的签字留言：
给马特，
有目的地玩！
简 · 麦戈尼格尔

致 谢

非常感谢我的在线专业学习网络成员。当我想放弃教育时，是你们把我从一个绝望而没有生机活力的教室里解救出来，是你们给予我新的教学理念，是你们挑战了我的认知假设。在我最需要的时候，是你们赋予我灵感和激励。如果你曾发布一条推文，我看到了，谢谢你；如果你曾阅读或回复我的某条推文，谢谢你；如果你通过社交媒体触动了我的生活——或其他教育工作者的生活，谢谢你。

戴夫·伯格斯咨询公司（Dave Burgess Consulting）的团队成员戴夫·伯格斯和雪莱·伯格斯（Shelly Burgess）夫妇、温迪·范戴克（Wendy Van Dyk）、塔拉·马丁（Tara Martin）、萨尔·博列洛（Sal Borriello）等人在我撰写本书的时候给予我鼓励。他们让我的作品完成超越，呈现出更好的样子。他们将激情和活力注入全球无数个课堂，影响着成千上万的孩子们。谢谢你们。

我的妻子梅兰妮（Melanie）是我最忠实的啦啦队队长。当我气馁的时候，她总是向我伸出援手，把我从脑海中的千回百转中拯救出来。我的孩子凯西（Cassie）、哈莉（Hallie）和乔尔（Joel）无私鼓励我的教育工作——即使这意味着我必须离开他们，因为他们知道其他孩子会因此受益。我的父母杰夫（Jeff）和杰姬（Jacki）珍视教育的重要性，在我成长的过程中无条件地支持我。甚至在我想离开稳定的新闻工作，去当一名教师时，以及当我又打算离开稳定的教学工作去训练教师，为教师们赋能时，他们依然一如既往地支持我。深深感谢你们。

资源拓展

马特·米勒的播客

DitchThatTextbook.com

照片墙故事

DitchThatTextbook.com/instagramstories

幻灯片重构AR游戏Snappables

DitchThatTextbook.com/snappables

了解更多制作播客和学生合作创建播客的方法

DitchThatTextbook.com/studentpodcast

玩游戏可以实现“重复性”，如何将评估游戏玩出各种花样

DitchThatTextbook.com/blindkahoot

如何在课堂上加入《家庭问答》

DitchThatTextbook.com/familyfeud

密室逃脱教育版游戏

DitchThatTextbook.com/escaperooms

如何设置评估游戏的排行榜

DitchThatTextbook.com/olympicreview

了解更多“星球大战之大富翁”游戏

http://carriebaughcum.com/bright-ideas-6-starwarsopoly-gamification

劳拉·斯坦布林克老师的《神盾局特工》主题游戏——超级英雄的游戏化指南

DitchThatTextbook.com/gametheme

艾丽斯·基勒（Alice Keeler）你的游戏化专业发展建议，包括如何设置徽章和升级

DitchThatTextbook.com/alicegamification

共享的谷歌幻灯片中的学生协作分步教程

DitchThatTextbook.com/sharedslides

图形组织器的参考模板

DitchThatTextbook.com/graphicorganizers

信息图（将图标、照片、形状之类的东西与文本组合起来的方法）

DitchThatTextbook.com/infographics

如何创作连环画

DitchThatTextbook.com/comicstrips

充实学生博客（博客文章/聊天评论/播客）内容的20个要点

DitchThatTextbook.com/blogging

博客训练营：最佳的入门工具、技巧和资源

DitchThatTextbook.com/bloggingbootcamp

作者的博客之旅及手把手教程（分步骤说明）

DitchThatTextbook.com/studentblogs

20种如何利用地图软件提高课堂教学效果的方法，以“我的地图”（MyMaps）为例

DitchThatTextbook.com/mymaps

Noun Project矢量图标网站

thenounproject.com

了解更多制作信息图的启发、小贴士、注意事项等

DitchThatTextbook.com/iconboards

了解更多“请加题注！”活动

DitchThatTextbook.com/captionthis

用幻灯片创建简单动画的简易步骤，以谷歌幻灯片为例

DitchThatTextbook.com/stopmotion

技术集成专家杰克·米勒提出的让动画更加令人印象深刻的建议

DitchThatTextbook.com/stopmotiontips

漫步数字画廊如何将数字化教学与面对面交流相结合

DitchThatTextbook.com/gallerywalk

如何利用地图应用和录屏软件为学生打造虚拟徒步旅行，以谷歌地图为例

DitchThatTextbook.com/walkingtour

儿童趣味教学网站Wonderopolis的访问地址

wonderopolis.org

根据阅读水平和词汇难易程度提供阅读文章的tweenTribune网站

tweenentribune.com

更多了解芬兰的移动端AR/VR教育应用3DBear

3DBear.io

了解更多连接世界各地教室的Empatico

empatico.org

了解更多soundtrap，为教育赋能的音乐制作平台

soundtrap.com

了解更多音频编辑软件TwistedWave

twistedwave.com

了解更多多音轨的音频处理软件Audacity

audacityteam.org

用演示文档创建“一个故事，不同结局”的活动

DitchThatTextbook.com/newendings

高度参与的课堂：提高学生专注力的沉浸式教学

ISBN：978-7-5153-5752-2

作者：[美] 罗伯特 · J. 马扎诺
黛布拉 · 皮克林
塔米 · 赫夫尔鲍尔

定价：39.90元

入选中国教育网2019年度“影响教师的100本书”，
让学生参与变成一种常态

- 美国教育界专家、马扎诺研究中心创始人倾情力作
- 教师人手一本的实践教学指南
- 帮助教师更轻松管理课堂，帮助学生更容易融入课堂

内容简介：

本书涉及的课堂实践可以积极地影响学生的专注力和参与度。学生在课堂上的高度参与显然是高效教学的核心方面之一。如果学生不积极参与，他们就几乎没有机会学到课堂上的知识。利用本书中提出的实用性建议，每位教师都可以创造一个课堂环境，让学生对以下四个问题产生积极应答，让学生参与变成一种课堂常态：

· 我感觉如何？　　· 我感兴趣吗？　　· 这重要吗？　　· 我能做到吗？

本书阐述了教学视角的根本性改变。“我感觉如何”关乎学生情感，“我感兴趣吗”关乎课堂吸引程度，这两个问题和专注力有关。“这重要吗”探讨学生如何将课堂目标与个人目标联系起来，“我能做到吗”说的是如何培养学生的自我效能感，这两个问题涉及长期的课堂参与，对这两个问题的解决，也为教师、学校开辟了新的教学视角。除了专注于教授学生学术内容，教师还应让学生意识到，他们认为什么是重要的，以及他们的思维模式如何对他们的生活产生积极或消极的影响。这种意识可以帮助学生学到更重要、更具影响力的知识。

作者简介：

罗伯特 · J. 马扎诺博士，美国教育界专家，马扎诺研究中心联合创始人兼首席执行官，著名演讲者、培训师和作家。他将全新的研究和理论转化为课堂实践，在国际上广为人知，并被教师和管理人员广泛应用。

黛布拉 · 皮克林博士，马扎诺研究中心高级学者，致力于为众多学校和地区提供教育咨询。作为一名课堂教师、教育界领导者和学区行政管理人员，皮克林博士在其整个教育生涯中获得了丰富的实践经验。

塔米 · 赫夫尔鲍尔博士，马扎诺研究中心副总裁，同时也是一名教育顾问。赫夫尔鲍尔博士在密苏里州堪萨斯城开始了她的教学生涯，后来搬到内布拉斯加州，在那里获得了地区杰出教师奖。

像冠军一样教学：

引领学生走向卓越的62个教学诀窍

ISBN：9787515343488
作者：[美] 道格 · 莱莫夫
2016-9　定价：49.00元
上架建议：畅销书　教师用书

入选《中国教育报》2016年度“教师喜爱的100本书”
入选中国教育新闻网2016年度“影响教师的100本书”

- 只要掌握技巧，没有教不会的学生
- 一套已被证明适合每一所学校和每一个教师课堂的实用教学工具
- 《纽约时报》《华盛顿邮报》《大西洋月刊》等权威媒体重磅推荐
- 伟大的教师不是天生的，而是后天造就的。事实上，每一位教师都可以选择加倍努力来完善自己，最终成为你想成为的教师。本书涉及的62个教师技巧，一直被大多数教师实践，所有遵循这些方法的教师，都成功掌控了自己的课堂。

内容简介：

《像冠军一样教学：引领学生走向卓越的62个教学诀窍》的作者多年来观察教学成效出色的冠军教师，从他们的教学技巧中整理归纳出一套实用的教学手册，清晰易懂又容易上手，能帮助新手教师更快进入状况，快速提升教学效果；帮助老教师直达教育本质，沉淀教学精华；帮助学生发挥更大潜力，在未来拥有更多机会。

全书在一个个引人入胜的教学案例中，为教师提供了62个操作简便、高效实用的教学技巧，每章末均附有切实可行的培训练习，帮助教师进一步理解和反思他们的教学行为，以更好地引导学生专注学习，发挥更大潜力。

作者简介：

道格·莱莫夫是美国作家、教育家、著名教师培训导师，毕业于哈佛大学。

他在观察几千堂“不可思议”的高效课堂后，归纳出冠军教师所需要的62个教学诀窍，他关于教学的理念和方法，一直被大多数教师实践，所有遵循这些方法的人，都成功掌控了自己的课堂和生活，并从中获得了无限快乐和幸福。

他还撰写了《刻意练习：如何成为一个高手》。